D1751816

Digitale Begleitmaterialien

Ihr persönlicher Lizenzschlüssel für die digitalen Begleitmaterialien zu **Mittelflussrechnung**:

Lizenzschlüssel

LYTXBWNPB

Schritt-für-Schritt-Anleitung

1. Öffnen Sie das Bookshelf unter: **www.bookshelf.verlagskv.ch**
2. Registrieren Sie sich unter **Neu hier?** oder loggen Sie sich mit Ihrem Benutzernamen und Ihrem Passwort ein.
3. Geben Sie unter **Medien hinzufügen** den Lizenzschlüssel ein und klicken Sie auf **Senden**.
4. Klicken Sie in **My Bookshelf** neben dem gewünschten Buchcover auf **Öffnen**, um zur Downloadseite Ihrer digitalen Begleitmaterialien zu gelangen.

Die Zusatzmaterialien stehen Ihnen nach Aktivierung des Lizenzschlüssels 36 Monate lang zur Verfügung.

Support-Hotline: Unsere Mitarbeitenden sind gerne für Sie da. Telefon: +41 44 283 45 21. E-Mail: support@verlagskv.ch

Rechtlicher Hinweis: Es gelten unsere Vertrags- und Nutzungsbedingungen. Eine Weitergabe der digitalen Begleitmaterialien ist nicht gestattet.

VERLAG:SKV
www.verlagskv.ch

Mittelflussrechnung
Geldflussrechnung

Urs Prochinig

Mittelflussrechnung
Geldflussrechnung

VERLAG:SKV

Dr. Urs Prochinig   Urs Prochinig schloss sein Studium an der Universität Zürich mit dem Doktorat ab. Er verfügt über Abschlüsse als MBA (Master of Business Administration) und MASSHE (Master of Advanced Studies in Secondary and Higher Education). Nebst seiner wissenschaftlichen Tätigkeit arbeitet er als Unternehmensberater und als Dozent in der Erwachsenenbildung. Er ist Mitglied verschiedener eidg. Prüfungsgremien. Er ist durch zahlreiche auf Deutsch, Französisch und Italienisch erschienene Fachbücher bekannt.

10. Auflage 2017   ISBN 978-3-286-31990-5

© Verlag SKV AG, Zürich
www.verlagskv.ch

Alle Rechte vorbehalten.
Ohne Genehmigung des Verlages ist es nicht gestattet, das Buch oder Teile daraus in irgendeiner Form zu reproduzieren.

Gestaltung: Peter Heim
Umschlag: Brandl & Schärer AG
Umschlagbild: Intellekt und Intuition, von Benno Schulthess, Widen

Vorwort

Dieses Lehrbuch zeigt, wie **Geldflussrechnungen für den Geschäftsbericht und als Planungsrechnung** erstellt und interpretiert werden.

Es setzt Grundkenntnisse im Rechnungswesen voraus und richtet sich an:
▷ Studierende an Universitäten und Fachhochschulen.
▷ Kandidatinnen und Kandidaten von höheren eidgenössischen Prüfungen wie Wirtschaftsprüfer, Experten in Rechnungslegung und Controlling, Fachleute im Finanz- und Rechnungswesen, Treuhänder und Treuhandexperten oder Steuerexperten.
▷ Praktikerinnen und Praktiker aus Wirtschaft und Verwaltung.

Das Lehrmittel ist wie folgt aufgebaut:
▷ Der **Theorieteil** vermittelt das Grundwissen auf anschauliche, übersichtliche Weise.
▷ Der **Aufgabenteil** enthält vielfältige und abwechslungsreiche Übungen zur Vertiefung des Stoffs anhand von Beispielen.
▷ Der separate **Lösungsband** dient der Lernkontrolle (Feedback) und macht dieses Lehrmittel auch für das Selbststudium attraktiv.
▷ Lehrpersonen können unter **www.verlagskv.ch/Webshop** (Lehrmittel eingeben) gratis leere **Folienvorlagen** für die Aufgaben herunterladen.
  Ebenfalls als Download verfügbar ist eine **Korrigenda** mit Hinweisen auf Änderungen in den Rechnungslegungsstandards oder im Obligationenrecht sowie auf Druckfehler.

Ich danke allen herzlich, die bei der Entwicklung dieses Lehrmittels mitgeholfen haben. Ein besonderer Dank gebührt Theres Prochinig für das umsichtige Lektorat. Aufbauende Kritik nehme ich sehr gerne entgegen.

Viel Spass und Erfolg beim Lernen und Lehren!

Rafz, Januar 2017   Urs Prochinig

Vorwort zur 10. Auflage

Das Lehrbuch wurde überarbeitet und kann im Unterricht nicht zusammen mit früheren Auflagen eingesetzt werden.

Das Lehrmittel erscheint neu als Bundle (Gesamtpaket). Dieses umfasst neben dem gedruckten Theorie-/Aufgaben- und Lösungsbuch zusätzlich die PDF-Ausgaben beider Bücher. Diese können mithilfe eines Lizenzschlüssels unter www.bookshelf.verlagskv.ch heruntergeladen werden. Eine Anleitung zum Download findet sich vorne im Lehrbuch.

Theorie
Die Änderungen im Theorieteil sind geringfügig.

Aufgaben
Aus rechtlichen Gründen wurden kleinere Anpassungen vorgenommen:
▷ Die Reserven werden konsequent nach Obligationenrecht oder nach Swiss GAAP FER gegliedert.
▷ Die in der Buchhaltungspraxis verbreiteten Begriffe *Debitoren* und *Kreditoren* werden häufig durch die im Recht verwendeten Begriffe *Forderungen* bzw. *Verbindlichkeiten aus Lieferungen und Leistungen* ersetzt.

Aus methodischen Überlegungen wurden viele Aufgaben neu verfasst und bisherige Aufgaben weggelassen.

Kapitel 2	Die Aufgaben 2.07, 2.09, 2.12 und 2.19 sind neu.
Kapitel 3	Die Mehrzahl der Aufgaben ist neu und im Schwierigkeitsgrad etwas angehoben.
Kapitel 4	Die Aufgaben 4.01, 4.04, 4.06, 4.09, 4.10 und 4.11 sind neu.
Kapitel 5	Unverändert
Kapitel 6	Unverändert
Kapitel 7	Alle Aufgaben zur Geldflussrechnung (7.01 bis 7.09) sind neu. Der Schwierigkeitsgrad ist höher. Die Aufgaben 7.21, 7.23 und 7.27 zur Finanzplanung sind neu.

Ich wünsche weiterhin viel Spass und Erfolg beim Lehren und Lernen.

Rafz, Sommer 2016   Urs Prochinig

Inhaltsverzeichnis

	Theorie	Aufgaben
1 Einleitung	11	
2 Geldflussrechnung: Grundlagen	15	66
3 Geldflussrechnung: Vertiefung	31	96
4 Finanzplanung	47	136
5 Cashflow-Analyse	53	168
6 Mittelflussrechnung zum Fonds Nettoumlaufvermögen (NUV)	59	172
7 Aufgaben zur Repetition und Vertiefung		174
Anhang		
Anhang 1 Literaturhinweise		217
Anhang 2 Stichwortverzeichnis		218

Theorie

Einleitung

Bilanz = 1. Jahresrechnung

Die Bilanz ist die älteste Jahresrechnung. In ihr werden die Aktiven (Vermögen) und die Passiven (Schulden und Reinvermögen) einander wie zwei Waagschalen (ital. bilancia = Waage) gegenübergestellt.

Die Bilanz ist eine Momentaufnahme, die mit einer Fotografie vergleichbar ist. Sie zeigt nicht Abläufe und Prozesse in einem Zeitraum, sondern Bestände zu einem Zeitpunkt und wird deshalb Bestandesrechnung oder statische Rechnung genannt.

In der Buchhaltung ergibt sich die Bilanz nach den Regeln der Doppik in Kontoform; in Geschäftsberichten wird die Präsentation der Bilanz in Berichtsform (Staffelform) bevorzugt.

Bilanz

Aktiven (Vermögen)	Fremdkapital (Schulden)
	Saldo = Eigenkapital (Reinvermögen)

Bilanz

```
  Aktiven (Vermögen)
./ Fremdkapital (Schulden)
= Eigenkapital (Reinvermögen)
```

Aus beiden Darstellungen geht hervor, dass das Eigenkapital in der Bilanz die Saldogrösse darstellt: Es zeigt den Überschuss des Vermögens über die Schulden.

Die Vertreter der **statischen Bilanztheorie** betrachten die Bilanz als den wichtigsten Teil des Rechnungswesens und sehen den Hauptzweck der Buchhaltung in der Ermittlung des Reinvermögens sowie der Rechenschaftsablage gegenüber den Kapitalgebern über die Verwendung des Kapitals und seine Deckung durch das Vermögen. Diese Auffassung prägte die obligationenrechtlichen Bewertungsvorschriften, denen letztlich die Idee zugrunde liegt, dass der Gläubigerschutz und die Erhaltung des Unternehmens durch eine fundierte Vermögenslage besser gesichert erscheinen als durch die Ertragskraft des Unternehmens.

Erfolgsrechnung = 2. Jahresrechnung

Schon dem sagenhaft reichen Perserkönig Krösus mag beim jährlichen Zählen seines immensen Vermögens die Frage aufgetaucht sein, welches wohl die Ursachen für die Vermögensvermehrungen von einem Jahresende zum nächsten gewesen sein könnten, und seine Höflinge werden ihm als mögliche Antworten erfolgreiche Feldzüge, Edelsteinfunde oder Rekorderten genannt haben. Und damit war die Erfolgsrechnung erfunden.

Allerdings dauerte es noch etwa 2000 Jahre, bis der Franziskanermönch Luca Pacioli 1494 diese Form der (doppelten) Buchführung zum ersten Mal zusammenfassend beschrieb.

Die Erfolgsrechnung gibt als zeitraumbezogene Rechnung Auskunft über die durch die Geschäftstätigkeit verursachten Erhöhungen und Verminderungen des Eigenkapitals in einer Periode.[1] Der Erfolg ist der Saldo der Erfolgsrechnung und bedeutet Gewinn oder Verlust, je nachdem, ob die Erträge oder die Aufwände grösser sind.

Erfolgsrechnung

Aufwand (= Abnahmen des Eigenkapitals)	Ertrag (= Zunahmen des Eigenkapitals)
Saldo = Gewinn	

Erfolgsrechnung

	Ertrag
./.	Aufwand
=	**Erfolg (Gewinn oder Verlust)**

Durch den industriellen Aufschwung im ausgehenden 19. Jahrhundert stiegen auch die Ansprüche des Managements an das Rechnungswesen, sodass die Erfolgsrechnung als (nach der Bilanz) zweite Jahresrechnung bald eine grosse Verbreitung erreichte.

Besondere Verdienste erwarb dabei Eugen Schmalenbach (Leipzig 1919) durch seine Ausführungen zur **dynamischen Bilanzauffassung.** Er vertrat die Ansicht, dass nicht der Bilanz, sondern der Gewinn- und Verlustrechnung (das ist die in Deutschland gebräuchliche Bezeichnung für die Erfolgsrechnung) in der Abschlussrechnung der Vorrang gebühre und die Bilanz nur den Wurmfortsatz der Erfolgsrechnung darstelle.

---

[1] In der Erfolgsrechnung unberücksichtigt bleiben die Zu- und Abnahmen des Eigenkapitals, welche durch den Verkehr mit den Eigentümern des Unternehmens entstehen, zum Beispiel Kapitalerhöhungen und -rückzüge sowie Gewinnausschüttungen.

Geldflussrechnung = 3. Jahresrechnung

In den letzten Jahrzehnten wurde die Wirtschaft immer komplexer: Wachsende Betriebsgrössen, zunehmende nationale und internationale Verflechtungen, erhöhter Konkurrenzdruck, steigende Steuer- und Sozialasten, rasante technologische Entwicklungen, vermehrte ökologische Probleme, stagnierende Umsätze, verminderte Gewinnmargen sowie weltweit nachlassende wirtschaftliche Stabilität gestalten die Führungsaufgaben für die Manager immer anspruchsvoller.

Deshalb gewannen die Instrumente der finanziellen Unternehmensführung laufend an Bedeutung. Zu den wichtigen Neuerungen gehört die Geldflussrechnung.

Die Geldflussrechnung zeigt als zeitraumbezogene Rechnung die Ursachen für die Zunahmen und Abnahmen der Geldbestände (flüssige Mittel) in einer Periode. Als Saldo ergibt sich die Veränderung der flüssigen Mittel der Berichtsperiode (im kontenmässig dargestellten Beispiel handelt es sich um eine Zunahme).

Geldflussrechnung

Einnahmen (= Zuflüsse von flüssigen Mitteln)	Ausgaben (= Abflüsse von flüssigen Mitteln)
	Saldo = Zunahme der flüssigen Mittel

Geldflussrechnung

```
  Einnahmen
./ Ausgaben
= Veränderung der flüssigen Mittel
```

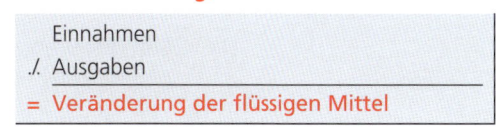

Die Geldflussrechnung wird in der Schweiz auch **Mittelflussrechnung** genannt, weil sie die Veränderungen bestimmter Mittelgesamtheiten – in der Regel die flüssigen Mittel – aufzeigt.[1]

Die Deutschen verwenden für die Geldflussrechnung den Begriff **Kapitalflussrechnung,** der früher in der Schweiz auch gebräuchlich war, heute aber als nicht mehr zweckmässig betrachtet wird, weil der Begriff *Kapital* in der Wirtschaft sehr unterschiedlich verwendet wird und das Wesen der Geldflussrechnung – nämlich die Darstellung der Geldflüsse – überhaupt nicht wiedergibt.

---

[1] Mittelgesamtheiten werden auch als **Fonds** bezeichnet (von Amerikanisch *funds* = Geldmittel; bzw. Lateinisch *fundus* = für bestimmte Zwecke gebildete Vermögensreserve):

▷ Unter dem Fonds *flüssige Mittel* versteht man alle Bestände an Geld sowie an geldähnlichen Vermögenswerten. **Die Mittelflussrechnung zum Fonds *flüssige Mittel* wird Geldflussrechnung genannt.** Sie steht im Zentrum dieses Lehrbuchs.

▷ Der Fonds *Nettoumlaufvermögen* umfasst das Umlaufvermögen abzüglich das kurzfristige Fremdkapital. Die Mittelflussrechnung zum Fonds *Nettoumlaufvermögen* wird in Kapitel 6 kurz erklärt.

Einleitung

Die ersten theoretischen Darstellungen über Mittelflussrechnungen wurden zwar schon um 1910 in den USA publiziert; praktische Bedeutung erlangten solche Rechnungen erst nach dem Zweiten Weltkrieg, zuerst in den USA und später in Europa. In der Schweiz erfolgte die erste **Veröffentlichung eines Ausweises für zusätzliche Finanzierung und Investierung** im Jahresbericht der Landis & Gyr AG von 1957, später fasste Karl Käfer (Zürich 1967) die Grundlagen in seinem Werk **Kapitalflussrechnungen** erstmals zusammen.

Die Notwendigkeit von Mittelflussrechnungen ergibt sich hauptsächlich aus dem Umstand, dass Bilanz und Erfolgsrechnung zwei wichtige Informationsbedürfnisse der Geschäftsleitung und der Investoren (Aktionäre) nicht abdecken:

▷ Eigentliche Flussgrössen, die Auskunft über die Veränderungen der Kapital- und Vermögensstruktur der Unternehmung geben können, fehlen.

▷ Die statische Liquiditätsanalyse aufgrund der Bilanz[1] liefert ungenügende Informationen über die Entwicklung der Zahlungsbereitschaft, vor allem weil die Zahlen zeitpunktbezogen sind, keine Angaben über die Ursachen enthalten und die Erfolgsrechnung ausser Acht lassen.

> Die Geldflussrechnung schliesst als dritte Jahresrechnung die Informationslücken von Bilanz und Erfolgsrechnung, indem sie Aufschluss gibt über
>
> ▷ die Liquiditätsentwicklung
>
> ▷ die Investierungsvorgänge sowie
>
> ▷ die Finanzierungsmassnahmen
>
> innerhalb vergangener oder künftiger Geschäftsperioden.

---

[1] Die statische Liquiditätsanalyse basiert auf folgenden Kennzahlen:

Liquiditätsgrad 1	$\dfrac{\text{Flüssige Mittel}}{\text{Kurzfristiges Fremdkapital}}$
Liquiditätsgrad 2	$\dfrac{\text{Flüssige Mittel + Forderungen}}{\text{Kurzfristiges Fremdkapital}}$
Liquiditätsgrad 3	$\dfrac{\text{Umlaufvermögen}}{\text{Kurzfristiges Fremdkapital}}$

Eine ausführliche Besprechung dieser Kennzahlen finden Sie bei: Leimgruber/Prochinig: Bilanz- und Erfolgsanalyse, Kapitel 3.

Geldflussrechnung: Grundlagen

Die drei Gesamtrechnungen der Finanzbuchhaltung im Überblick

Form und Inhalt des Rechnungswesens sind auf das Zielsystem einer Unternehmung auszurichten:

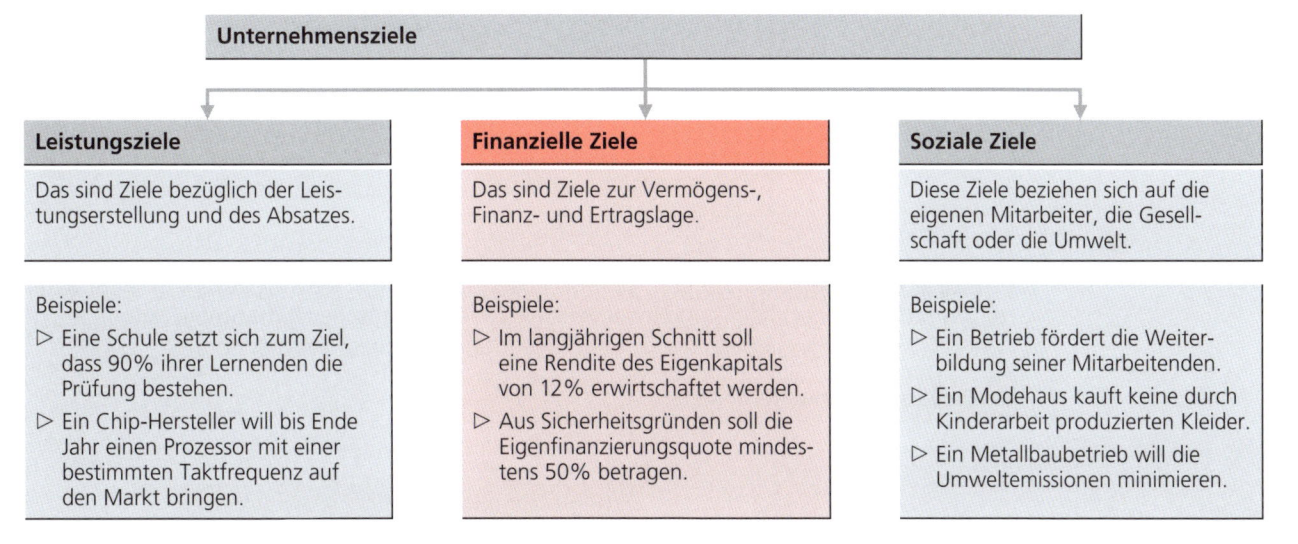

Unternehmensziele		
Leistungsziele	**Finanzielle Ziele**	**Soziale Ziele**
Das sind Ziele bezüglich der Leistungserstellung und des Absatzes.	Das sind Ziele zur Vermögens-, Finanz- und Ertragslage.	Diese Ziele beziehen sich auf die eigenen Mitarbeiter, die Gesellschaft oder die Umwelt.
Beispiele: ▷ Eine Schule setzt sich zum Ziel, dass 90% ihrer Lernenden die Prüfung bestehen. ▷ Ein Chip-Hersteller will bis Ende Jahr einen Prozessor mit einer bestimmten Taktfrequenz auf den Markt bringen.	Beispiele: ▷ Im langjährigen Schnitt soll eine Rendite des Eigenkapitals von 12% erwirtschaftet werden. ▷ Aus Sicherheitsgründen soll die Eigenfinanzierungsquote mindestens 50% betragen.	Beispiele: ▷ Ein Betrieb fördert die Weiterbildung seiner Mitarbeitenden. ▷ Ein Modehaus kauft keine durch Kinderarbeit produzierten Kleider. ▷ Ein Metallbaubetrieb will die Umweltemissionen minimieren.

In diesem Lehrbuch stehen die beiden wichtigsten finanzwirtschaftlichen Ziele im Vordergrund:

▷ Hauptziel ist für die meisten Unternehmen die **Gewinnerzielung:** Längerfristig überlebt eine Unternehmung nur, wenn sie ihren Aufwand decken kann und Gewinn erzielt, um das eingesetzte Eigenkapital angemessen zu verzinsen (Eigenkapitalrendite).[1]

▷ Die Sicherung der **Zahlungsbereitschaft** (Liquidität) ist in normalen Zeiten das wichtigste Nebenziel, in Krisenzeiten oft das Hauptziel. Zahlungsunfähigkeit (Illiquidität) ist die häufigste Ursache für den Konkurs eines Unternehmens.

---

[1] Eine wichtige Ausnahme bilden die Non Profit Organizations (nicht-gewinnstrebige Unternehmen), bei denen nicht die Gewinnerzielung, sondern die Bedürfnisbefriedigung im Vordergrund steht, zum Beispiel staatliche Verkehrsbetriebe, Freizeitvereine, Kirchen, Hilfswerke. Allerdings müssen auch hier die Aufwände durch Erträge gedeckt sein.

Geldflussrechnung: Grundlagen 2

Die Bilanz als statische Rechnung gibt nur teilweise Aufschluss über die Zielerreichung, indem sie als Tatsachenrechnung zwar den aktuellen Bestand der flüssigen Mittel und den per Ende Jahr erreichten Gewinn als Zuwachs des Eigenkapitals zeigt, sich aber über die Ursachen für das Entstehen dieser Grössen ausschweigt.

Bilanz

Flüssige Mittel	Fremdkapital
Übrige Aktiven	Eigenkapital Anfang Jahr
	Gewinn

Um diese **Ursachen** aufzuzeigen, sind im Rechnungswesen nebst der Bilanz als statischer (zeitpunktbezogener) Rechnung zwei verschiedene dynamische (zeitraumbezogene) Rechnungen notwendig, nämlich die Geldflussrechnung und die Erfolgsrechnung:

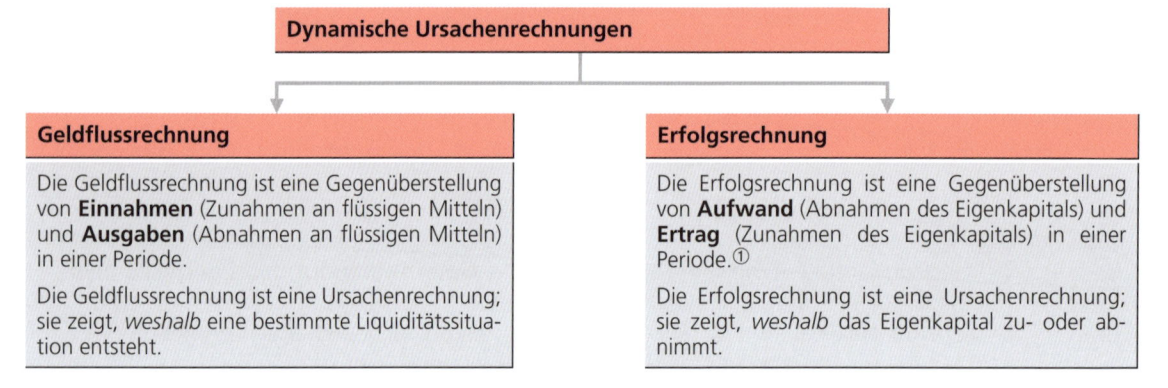

Dynamische Ursachenrechnungen

Geldflussrechnung	Erfolgsrechnung
Die Geldflussrechnung ist eine Gegenüberstellung von **Einnahmen** (Zunahmen an flüssigen Mitteln) und **Ausgaben** (Abnahmen an flüssigen Mitteln) in einer Periode.	Die Erfolgsrechnung ist eine Gegenüberstellung von **Aufwand** (Abnahmen des Eigenkapitals) und **Ertrag** (Zunahmen des Eigenkapitals) in einer Periode.[1]
Die Geldflussrechnung ist eine Ursachenrechnung; sie zeigt, *weshalb* eine bestimmte Liquiditätssituation entsteht.	Die Erfolgsrechnung ist eine Ursachenrechnung; sie zeigt, *weshalb* das Eigenkapital zu- oder abnimmt.

Aus diesen Überlegungen ergeben sich in der Finanzbuchhaltung die drei auf der nächsten Seite abgebildeten Gesamtrechnungen.

---

[1] In der Erfolgsrechnung unberücksichtigt bleiben die Zu- und Abnahmen des Eigenkapitals, welche durch den Verkehr mit den Eigentümern des Unternehmens entstehen, zum Beispiel Kapitalerhöhungen und -rückzüge sowie Gewinnausschüttungen.

Geldflussrechnung: Grundlagen 2

Diese Darstellung zeigt schematisch den Zusammenhang zwischen den drei Rechnungen:

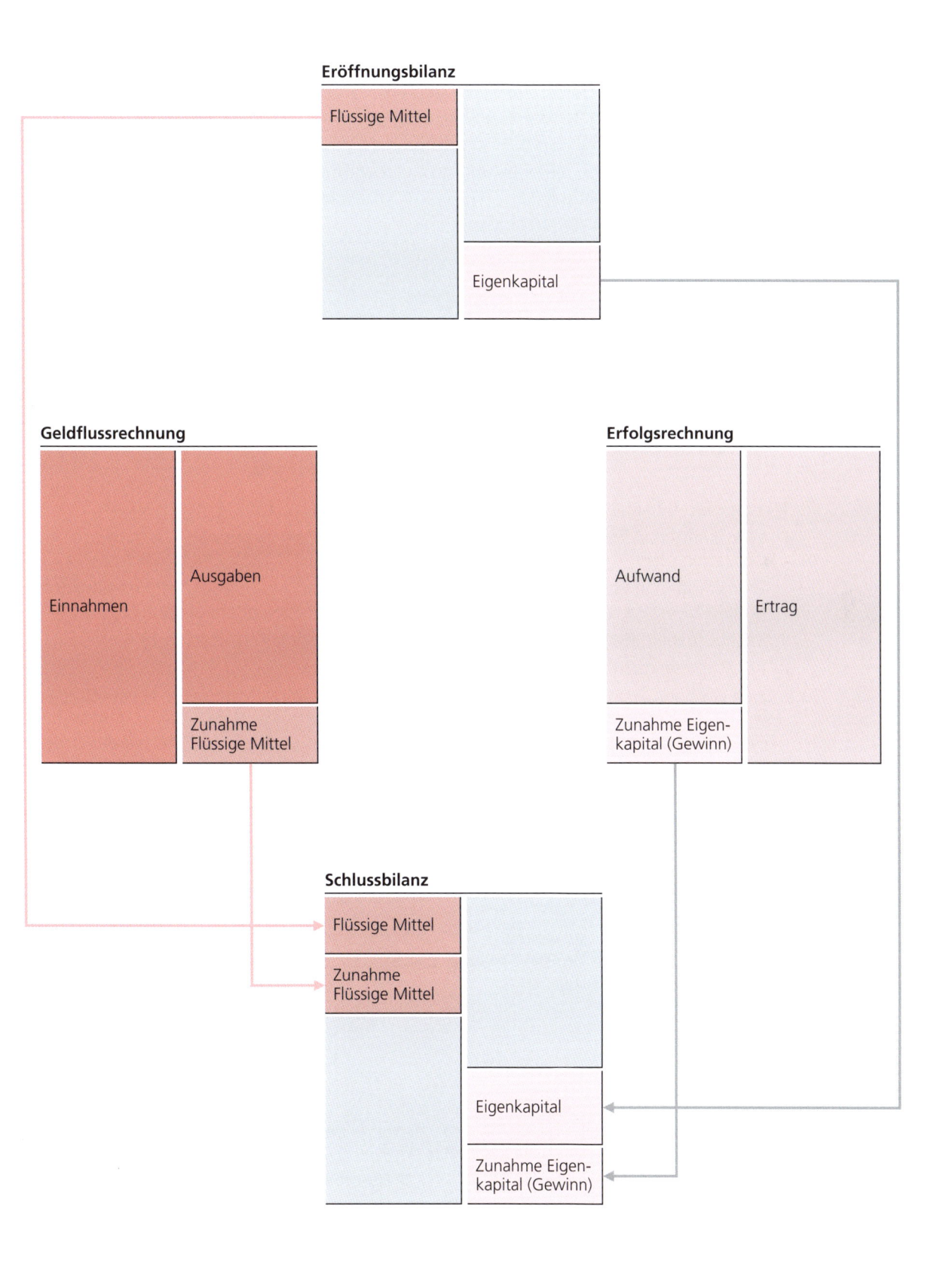

Eröffnungsbilanz
- Flüssige Mittel
- Eigenkapital

Geldflussrechnung
- Einnahmen
- Ausgaben
- Zunahme Flüssige Mittel

Erfolgsrechnung
- Aufwand
- Ertrag
- Zunahme Eigenkapital (Gewinn)

Schlussbilanz
- Flüssige Mittel
- Zunahme Flüssige Mittel
- Eigenkapital
- Zunahme Eigenkapital (Gewinn)

Geldflussrechnung: Grundlagen 2

Flüssige Mittel[1]

Der Begriff **Geldflussrechnung** (engl. Cash flow statement) rührt daher, dass diese Rechnung die Geldzuflüsse und Geldabflüsse einer Periode zeigt.

Dabei wird der **Geldbegriff** weit gefasst: Er schliesst nicht nur das Bargeld in der Kasse und die sofort verfügbaren Gelder auf Bank- und Postkonten ein, sondern auch andere hochliquide Geldanlagen, die nur einem geringen Wertschwankungsrisiko unterliegen und kurzfristig in Geld umgewandelt werden können.

Am einfachsten lässt sich dieser erweiterte Geldbegriff durch *flüssige Mittel* wiedergeben (engl. Cash and cash equivalents):

Flüssige Mittel		Cash and cash equivalents
Geld	Diese Zahlungsmittel umfassen das Bargeld in der Kasse sowie die Sichtguthaben bei Finanzinstituten.	Cash
+ Geldnahe Mittel	Geldnahe Mittel (Zahlungsmitteläquivalente) sind rasch liquidierbare Geldanlagen mit geringem Wertschwankungsrisiko bis maximal 90 Tage Restlaufzeit wie Festgelder oder Geldmarktforderungen.	Cash equivalents
= Flüssige Mittel	Zahlungsmittel und Zahlungsmitteläquivalente	Cash and cash equivalents

Nicht zu den flüssigen Mitteln gezählt werden grundsätzlich:

▷ Wertschriften in Form von börsenkotierten Aktien, weil sie zu grossen Wertschwankungen unterliegen.

Wertschriften in Form von börsenkotierten Obligationen sind nur dann zu den flüssigen Mitteln zu rechnen, wenn sie eine Restlaufzeit von 90 Tagen oder kürzer aufweisen.

▷ Bankguthaben, deren Verwendung eingeschränkt ist (engl. Restricted cash).

▷ Kurz- und langfristige Bankschulden.

Eine Ausnahme sind Bankkonten mit wechselndem Kreditverhältnis, die einen integralen Bestandteil des Cash-Managements bilden: Kurzfristige Bankhabensalden (engl. Bank overdrafts) können in einem solchen Fall in den Fonds einbezogen werden, was formell den Fondstypus **netto-flüssige Mittel** ergibt:

Netto-flüssige Mittel

Flüssige Mittel
./. Bankverbindlichkeiten auf Sicht (Kontokorrente)
= Netto-flüssige Mittel

Die Zusammensetzung des verwendeten Fonds (flüssige Mittel oder netto-flüssige Mittel) ist im Anhang offenzulegen. Die Anfangs- und Schlussbestände des Fonds müssen mit den Bilanzpositionen übereinstimmen.

---

[1] Da das Schweizerische Obligationenrecht keine detaillierten Vorschriften zur Geldflussrechnung enthält, basieren die folgenden Ausführungen auf Swiss GAAP FER 4.
Eine Übersicht über die gesetzlichen Bestimmungen und die anerkannten Standards findet sich auf den Seiten 27 und 28.

Geldflussrechnung: Grundlagen   2

Die Gliederung von Geldflussrechnungen

Die Geldflüsse werden in der Geldflussrechnung in drei Ursachengruppen (Bereiche) gegliedert:

▷ **Geldflüsse aus Betriebstätigkeit (Geschäftstätigkeit, Cashflow)**[1]
Cash flows from operating activities

Das sind die Einnahmen und Ausgaben aus der Geschäftstätigkeit (Erstellung und Veräusserung der Leistung). Basis für die Berechnung bildet grundsätzlich die Erfolgsrechnung.	Beispiele von Einnahmen ▷ Einzahlungen von Kunden für verkaufte Lieferungen und Leistungen ▷ Zinszahlungen von Kreditnehmern	Beispiele von Ausgaben: ▷ Auszahlungen an Lieferanten für den Kauf von Lieferungen und Leistungen ▷ Lohnzahlungen an die Mitarbeiter ▷ Zinszahlungen an Kreditgeber

▷ **Geldflüsse aus Investitionstätigkeit**
Cash flows from investing activities

Das sind die Einnahmen und Ausgaben aus dem Erwerb und der Veräusserung von Anlagevermögen.	Beispiele von Einnahmen: ▷ Einzahlungen aus der Veräusserung von Sachanlagen, Finanzanlagen und immateriellem Anlagevermögen (so genannte Desinvestitionen oder Devestitionen)	Beispiele von Ausgaben: ▷ Auszahlungen für den Erwerb von Sachanlagen, Finanzanlagen und immateriellem Anlagevermögen (so genannte Investitionen).

▷ **Geldflüsse aus Finanzierungstätigkeit**
Cash flows from financing activities

Das sind die Einnahmen und Ausgaben aus Veränderungen der Finanzverbindlichkeiten und des einbezahlten Eigenkapitals sowie die Gewinnausschüttungen.	Beispiele von Einnahmen: ▷ Einnahmen aus Kapitalerhöhungen (inkl. Agio) sowie der Aufnahme von kurz- und langfristigen Finanzverbindlichkeiten (so genannte Aussenfinanzierung)	Beispiele von Ausgaben: ▷ Zahlungen zur Kapitalherabsetzung, zur Rückzahlung von kurz- und langfristigen Finanzverbindlichkeiten (so genannte Definanzierung) sowie zur Gewinnausschüttung

Als Saldo ergibt sich die Veränderung der flüssigen Mittel in der Periode.

Auf den nächsten Seiten wird die Geldflussrechnung anhand von zwei Beispielen ausführlich erläutert.

---

[1] Im deutschen Sprachraum wird für den Geldfluss aus Betriebstätigkeit oft gleichbedeutend der Begriff **Cashflow** verwendet:

Geldfluss aus Betriebstätigkeit = Cashflow

Dies ist sprachlich eigentlich falsch, denn wörtlich übersetzt bedeutet der englische Begriff **Cash flow** lediglich **Geldfluss**. Und Geldflüsse finden in allen drei Bereichen der Geldflussrechnung statt, nicht nur im Betriebsbereich. Die Bezeichnung **operativer Cashflow** wäre zweckmässiger.

Weitere bedeutungsgleiche Ausdrücke für Geldfluss aus Betriebstätigkeit sind:
▷ **Geldfluss aus Geschäftstätigkeit** (Bezeichnung gemäss OR 961b)
▷ Innenfinanzierung

Ein negativer operativer Cashflow wird manchmal **Cashdrain** (wörtlich übersetzt Geldabfluss) genannt.

Geldflussrechnung: Grundlagen

Beispiel 1 — Geldflussrechnung einer Privatschule

Als Ausgangslage sind die Eröffnungsbilanz sowie die summarisch zusammengefassten Geschäftsfälle einer Privatschule bekannt (alles Kurzzahlen).

Eröffnungsbilanz 1.1.20_1

Aktiven		Passiven	
Flüssige Mittel	10	Darlehen	35
Sachanlagen	150	Aktienkapital	100
		Gewinnreserven[1]	25
	160		160

Geschäftsfälle 20_1

Nr.	Geschäftsfall	Buchung		Betrag
1	Einzahlungen der Schulgelder aufs Bankkonto	Flüssige Mittel	Schulgeldertrag	250
2	Personalaufwand	Personalaufwand	Flüssige Mittel	120
3	Übriger Baraufwand (u.a. Mietzinse, Energieverbrauch, Kapitalzinsen, Versicherungsprämien, Werbung)	Übriger Aufwand	Flüssige Mittel	90
4	Abschreibung Sachanlagen (u.a. Schulbänke, Stühle, Computer)	Abschreibungen	Sachanlagen	30
5	Barkauf Sachanlagen (neue PCs)	Sachanlagen	Flüssige Mittel	40
6	Barverkauf von nicht mehr benötigten Sachanlagen zum Buchwert	Flüssige Mittel	Sachanlagen	2
7	Teilrückzahlung Darlehen	Darlehen	Flüssige Mittel	15
8	Aktienkapitalerhöhung zum Nominalwert durch Bareinzahlung der Aktionäre	Flüssige Mittel	Aktienkapital	20
9	Es werden keine Gewinnausschüttungen vorgenommen.	Keine Buchung		

Daraus ergeben sich die auf der nächsten Seite dargestellten drei Abschlussrechnungen:

▷ die Erfolgsrechnung
▷ die Geldflussrechnung
▷ die Schlussbilanz

---

[1] Grundsätzlich gibt es zwei verschiedene Arten von Reserven:
  ▷ **Kapitalreserven** entstehen durch Einlagen der Aktionäre, die den Nennwert der Aktien übersteigen (Agio).
  ▷ **Gewinnreserven** sind zurückbehaltene (nicht ausgeschüttete) Gewinne.

Die Reserven werden wie folgt gegliedert:
  ▷ Nach Swiss GAAP FER wird zwischen Kapitalreserven und Gewinnreserven unterschieden.
  ▷ Nach Obligationenrecht sind die gesetzliche Kapitalreserve, die gesetzliche Gewinnreserve und die freiwilligen Gewinnreserven auszuweisen. Das Konto Gewinnvortrag gehört zu den freiwilligen Gewinnreserven.

Geldflussrechnung: Grundlagen **2**

Geldflussrechnung 20_1

Geldfluss aus Betriebstätigkeit (Cashflow)		
Schulgeldeinnahmen	250	
./. Personalausgaben	– 120	
./. Übrige Ausgaben	– 90	40
Geldfluss aus Investitionstätigkeit		
./. Ausgaben für Kauf von Sachanlagen	– 40	
+ Einnahmen aus Verkauf von Sachanlagen	2	– 38
Geldfluss aus Finanzierungstätigkeit		
+ Aktienkapitalerhöhung	20	
./. Rückzahlung Darlehen	– 15	5
= Zunahme flüssige Mittel		**7**

Erfolgsrechnung 20_1

Schulgeldertrag	250
./. Personalaufwand	– 120
./. Übriger Aufwand	– 90
./. Abschreibungen	– 30
= Gewinn	**10**

Schlussbilanz 31. 12. 20_1

Aktiven		Passiven	
Flüssige Mittel	17	Darlehen	20
Sachanlagen	158	Aktienkapital	120
		Gewinnreserven	35
	175		175

Die Erläuterungen zur Geldflussrechnung sowie zur Berechnung des Cashflows sind auf der nächsten Doppelseite.

Geldflussrechnung: Grundlagen | **2**

Die Erfolgsrechnung wurde auf der Vorseite in Berichtsform (als Staffel) dargestellt, wie dies in Geschäftsberichten üblich ist, um die Verständlichkeit für buchhalterisch wenig Geschulte zu verbessern. Zum Vergleich folgt nun dieselbe Erfolgsrechnung in Kontoform:

Erfolgsrechnung 20_1

Aufwand		Ertrag	
Personalaufwand	120	Schulgeldertrag	250
Übriger Aufwand	90		
Abschreibungen	30		
Gewinn	**10**		
	250		250

Die in der Erfolgsrechnung erfassten Geschäftsfälle bilden die Basis für die Cashflow-Berechnung, die auf zwei Arten erfolgen kann:

Cashflow-Berechnung (Geldfluss aus Betriebstätigkeit)

Direkte Berechnung

Geldwirksamer Ertrag (Einnahmen)①	
Schulgeldeinnahmen	250
./. Geldwirksamer Aufwand (Ausgaben)①	
Personalausgaben	– 120
Übrige Ausgaben	– 90
= Cashflow	**40**

Indirekte Berechnung (Überleitung)

Gewinn	10
+ Differenzen zwischen Gewinn und Cashflow	
Abschreibungen	30
= Cashflow	**40**

Erfolgsrechnung (Direkte Berechnung): Geldwirksamer Aufwand (Ausgaben), Abschreibungen, Gewinn / Geldwirksamer Ertrag (Einnahmen)

Erfolgsrechnung (Indirekte Berechnung): Geldwirksamer Aufwand (Ausgaben), Abschreibungen, Gewinn / Geldwirksamer Ertrag (Einnahmen)

① Gleichbedeutende Ausdrücke für geldwirksamer Ertrag sind: Einnahmen aus Betriebstätigkeit, liquiditätswirksamer Ertrag oder Barertrag. Sinngemäss kann anstelle von geldwirksamem Aufwand auch von Ausgaben aus Betriebstätigkeit, liquiditätswirksamem Aufwand oder Baraufwand gesprochen werden.

Geldflussrechnung: Grundlagen 2

Anmerkungen zur indirekten Cashflow-Berechnung

Bei der indirekten Cashflow-Berechnung handelt es sich um eine rechnerische **Überleitung vom Gewinn zum Cashflow.**

Differenzen zwischen Gewinn und Cashflow entstehen überall dort, wo Aufwand und Ausgabe bzw. Ertrag und Einnahme nicht gleich hoch sind. Die wichtigste Differenz zwischen Gewinn und Cashflow stellen die Abschreibungen dar:

▷ Abschreibungen sind Aufwand und verkleinern den Gewinn. Abschreibungen sind keine Ausgaben und haben keinen Einfluss auf den Cashflow.

▷ Der Gewinn ist somit (um den Abschreibungsaufwand) kleiner als der Cashflow. Um vom tieferen Gewinn zum höheren Cashflow zu gelangen, müssen die Abschreibungen zum Gewinn hinzugezählt werden.

Die in Kontoform grafisch dargestellte (nicht massstabsgetreue) Erfolgsrechnung zeigt, dass die direkte und die indirekte Berechnung zum selben Resultat führen.[1]

In diesem einfachen Einführungsbeispiel sind die Abschreibungen der einzige Unterschied zwischen dem Gewinn und dem Cashflow, weshalb buchhalterisch wenig geschulte «Praktiker» manchmal die Meinung vertreten, der Cashflow errechne sich ausschliesslich aus Gewinn und Abschreibungen, was in Beispiel 2 widerlegt wird.[2]

Darstellung der Geldflussrechnung

Wie die Bilanz und die Erfolgsrechnung könnte auch die Geldflussrechnung als Konto dargestellt werden, was in der Praxis allerdings kaum vorkommt. Dazu muss die Investitionstätigkeit in Desinvestierung (Einnahme) und Investierung (Ausgabe) aufgeteilt werden. Auch die Finanzierungstätigkeit wird zweigeteilt in Aussenfinanzierung (Einnahme) und Definanzierung (Ausgabe). Als Saldo ergibt sich die Zu- oder Abnahme der flüssigen Mittel.

Geldflussrechnung 20_1

Einnahmen			Ausgaben	
Betriebstätigkeit (Cashflow)[3]			**Investierung**	
Gewinn	10		Kauf Sachanlagen	40
Abschreibung	30	40		
Aussenfinanzierung[4]			**Definanzierung**	
Aktienkapitalerhöhung		20	Rückzahlung Darlehen	15
Desinvestierung			**Zunahme flüssige Mittel**	
Verkauf EDV-Anlagen		2	(= Saldo)	7
		62		62

---

[1] Die bildliche Gegenüberstellung von direkter und indirekter Cashflow-Berechnung mithilfe der Erfolgsrechnung ist nur bei einfachen Geschäftsfällen möglich, weshalb in Beispiel 2 auf eine grafische Darstellung verzichtet werden muss.

[2] Viele Laien glauben, dass sich der Cashflow durch eine Erhöhung der Abschreibungen vergrössern lässt, was ja nicht sein kann, da bei den Abschreibungen gar kein Geld fliesst. (Buchhalterisch gesehen nimmt im Gegenzug zum höheren Abschreibungsaufwand der Gewinn als Saldo der Erfolgsrechnung um gleich viel ab, sodass die Summe aus Gewinn und Abschreibung unverändert bleibt.)

[3] Der Cashflow kann auch direkt dargestellt werden.

[4] Zur Unterscheidung gegenüber der Innenfinanzierung (Betriebstätigkeit, Geschäftstätigkeit, Cashflow) wird die Bezeichnung Aussenfinanzierung gewählt.

Geldflussrechnung: Grundlagen 2

Beispiel 2 **Geldflussrechnung eines Handelsbetriebs**

Als Ausgangslage sind die Eröffnungsbilanz sowie die summarisch zusammengefassten Geschäftsfälle eines Handelsbetriebs bekannt.

Eröffnungsbilanz 1. 1. 20_1

Aktiven			Passiven		
Umlaufvermögen			**Fremdkapital**		
Flüssige Mittel	12		Kreditoren①	45	
Debitoren①	38		Hypothek	75	120
Warenvorrat	65	115	**Eigenkapital**		
Anlagevermögen			Aktienkapital	200	
Anlagevermögen		285	Gewinnreserven	80	280
		400			400

Geschäftsfälle 20_1

Nr.	Geschäftsfall	Betrag
1	Warenverkäufe auf Kredit	1 200
2	Zahlungen von Kunden	1 180
3	Warenaufwand	660
4	Wareneinkäufe auf Kredit	630
5	Zahlungen an Warenlieferanten	620
6	Personalaufwand (Bankzahlungen)	300
7	Übriger Baraufwand (Bankzahlungen)	140
8	Abschreibungen auf Anlagevermögen	70
9	Verkauf eines gebrauchten Fahrzeugs zum Buchwert	8
10	Kauf einer Liegenschaft (Bankzahlung)	200
11	Dividendenauszahlung	20
12	Aufnahme Hypothek (Gutschrift auf Bankkonto)	35
13	Aktienkapitalerhöhung zum Nominalwert (Bankeinzahlung der Aktionäre)	50

Wie lauten die Erfolgsrechnung, die Geldflussrechnung sowie die Schlussbilanz?

---

① In diesem Lehrbuch werden folgende Begriffe gleichbedeutend verwendet:

▷ **Debitoren = Forderungen aus Lieferungen und Leistungen (L+L)**
▷ **Kreditoren = Verbindlichkeiten aus Lieferungen und Leistungen (L+L)**

In der Buchhaltungspraxis werden meist die Begriffe Debitoren und Kreditoren verwendet; im Obligationenrecht wird von Forderungen und Verbindlichkeiten aus Lieferungen und Leistungen gesprochen. Im Kontenrahmen KMU sind beide Begriffspaare erwähnt.

In der Regel bestehen bei den Beispielen und Aufgaben – im Sinne einer didaktischen Vereinfachung – die Debitoren ausschliesslich aus Forderungen aus Warenverkäufen, und die Kreditoren stellen Verbindlichkeiten aus Wareneinkäufen dar.

Geldflussrechnung: Grundlagen **2**

Geldflussrechnung 20_1

Geldfluss aus Betriebstätigkeit (Cashflow)		
Zahlungen von Kunden	1 180	
./. Zahlungen an Lieferanten	– 620	
./. Personalausgaben	– 300	
./. Zahlungen für übrigen Aufwand	– 140	120
Geldfluss aus Investitionstätigkeit		
./. Kauf Liegenschaft	– 200	
+ Verkauf Fahrzeug	8	– 192
Geldfluss aus Finanzierungstätigkeit		
+ Aktienkapitalerhöhung	50	
+ Erhöhung Hypothek	35	
./. Dividendenauszahlung	– 20	65
= Abnahme flüssige Mittel		**– 7**

Erfolgsrechnung 20_1

Warenertrag		1 200
./. Warenaufwand	– 660	
./. Personalaufwand	– 300	
./. Übriger Aufwand	– 140	
./. Abschreibungen	– 70	– 1 170
= Gewinn		**30**

Schlussbilanz 31. 12. 20_1

Aktiven			Passiven		
Umlaufvermögen			**Fremdkapital**		
Flüssige Mittel	5		Kreditoren	55	
Debitoren	58		Hypothek	110	165
Warenvorrat	35	98	**Eigenkapital**		
Anlagevermögen			Aktienkapital	250	
Anlagevermögen		407	Gewinnreserven	90	340
		505			505

Die Erläuterungen zur Berechnung des Cashflows sind auf der nächsten Doppelseite.

Geldflussrechnung: Grundlagen 2

Die durch die Betriebstätigkeit verursachten Buchungen bilden die Basis für die Cashflow-Berechnung:

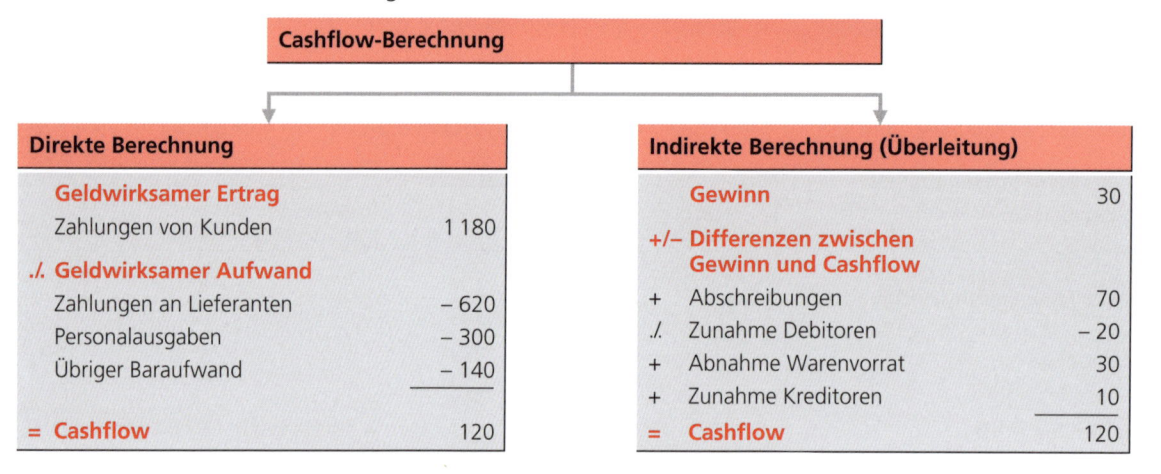

Cashflow-Berechnung

Direkte Berechnung			Indirekte Berechnung (Überleitung)	
Geldwirksamer Ertrag			**Gewinn**	30
Zahlungen von Kunden	1 180		**+/– Differenzen zwischen Gewinn und Cashflow**	
./. Geldwirksamer Aufwand			+ Abschreibungen	70
Zahlungen an Lieferanten	– 620		./. Zunahme Debitoren	– 20
Personalausgaben	– 300		+ Abnahme Warenvorrat	30
Übriger Baraufwand	– 140		+ Zunahme Kreditoren	10
= Cashflow	**120**		**= Cashflow**	**120**

Anmerkungen zur indirekten Cashflow-Berechnung

Die indirekte Cashflow-Berechnung ist eine Überleitung vom Gewinn zum Cashflow: Da für die Gewinnermittlung die Aufwände und Erträge massgeblich sind und für die Cashflow-Berechnung die Einnahmen und Ausgaben, ergeben sich zwangsläufig Differenzen, die bei der indirekten Berechnung sichtbar werden:

▷ Die Abschreibungen sind Aufwand, aber keine Ausgabe. Folglich ist der Gewinn tiefer als der Cashflow. Um vom tieferen Gewinn zum höheren Cashflow zu gelangen, müssen die Abschreibungen zum Gewinn hinzugezählt werden.

▷ Eine Debitorenzunahme bedeutet, dass die Kunden nicht alle gestellten Rechnungen bezahlt haben. Da in diesem Fall der Ertrag höher ist als die Einnahmen, ist der Gewinn höher als der Cashflow. Wenn vom Gewinn ausgehend der Cashflow berechnet wird, muss diese Differenz folglich vom Gewinn abgezogen werden.

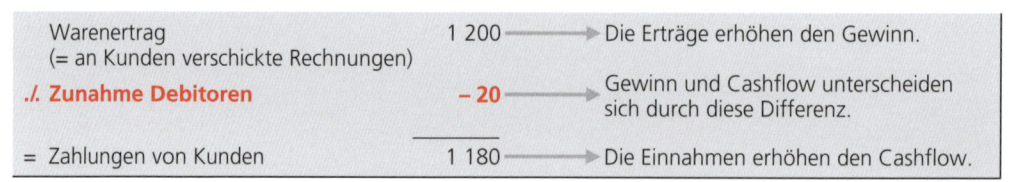

Warenertrag (= an Kunden verschickte Rechnungen)	1 200	→ Die Erträge erhöhen den Gewinn.
./. Zunahme Debitoren	– 20	→ Gewinn und Cashflow unterscheiden sich durch diese Differenz.
= Zahlungen von Kunden	1 180	→ Die Einnahmen erhöhen den Cashflow.

▷ Sowohl die Kreditorenzunahmen als auch die Vorratsabnahmen bedeuten, dass der Warenaufwand höher ist als die Zahlungen an Lieferanten. Der Gewinn ist folglich tiefer als der Cashflow. Deshalb müssen diese Differenzen bei der Cashflow-Berechnung zum Gewinn hinzugezählt werden.

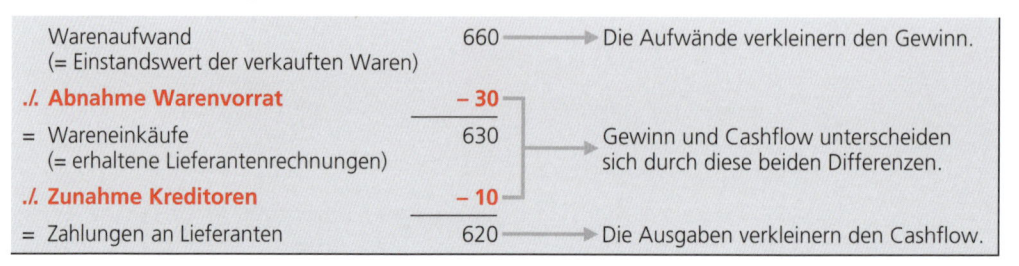

Warenaufwand (= Einstandswert der verkauften Waren)	660	→ Die Aufwände verkleinern den Gewinn.
./. Abnahme Warenvorrat	– 30	
= Wareneinkäufe (= erhaltene Lieferantenrechnungen)	630	→ Gewinn und Cashflow unterscheiden sich durch diese beiden Differenzen.
./. Zunahme Kreditoren	– 10	
= Zahlungen an Lieferanten	620	→ Die Ausgaben verkleinern den Cashflow.

Geldflussrechnung: Grundlagen

2

Gesetzliche Grundlagen zur Geldflussrechnung

Die kaufmännische Buchführung und Rechnungslegung ist im 32. Titel des schweizerischen Obligationenrechts (OR) geregelt.[1]

Buchführungs- und Rechnungslegungsvorschriften

Allgemein gültige Vorschriften (OR 957)	Rechnungslegung für grössere Unternehmen (OR 961)	Abschluss nach anerkanntem Standard (OR 962)
Diese Vorschriften sind anwendbar auf: ▷ alle Einzelunternehmen und Personengesellschaften ab einem jährlichen Umsatzerlös von Fr. 500 000[2]. ▷ juristische Personen wie AG oder GmbH.	Besondere Vorschriften gelten für Unternehmen, die zu einer ordentlichen Revison verpflichtet sind. Das sind grundsätzlich Unternehmen, die folgende Grössen überschreiten: Bilanzsumme 20 Mio., Umsatzerlös 40 Mio., 250 Vollzeitstellen.	Börsenkotierte Unternehmen müssen zusätzlich einen Abschluss nach einem anerkannten Standard zur Rechnungslegung erstellen. Bei nicht börsenkotierten Unternehmen können mindestens 20% der Gesellschafter einen solchen Abschluss verlangen.
Zu den allgemeinen Vorschriften gehören: ▷ die anzuwendenden **Grundsätze** ordnungsmässiger Buchführung und Rechnungslegung. ▷ Inhalt und Aufbau der im Geschäftsbericht enthaltenen Jahresrechnung, bestehend aus **Bilanz, Erfolgsrechnung und Anhang.** ▷ die **Bewertung** der Aktiven und Verbindlichkeiten.	Diese Unternehmen müssen zusätzlich: ▷ als Teil der Jahresrechnung eine **Geldflussrechnung** erstellen. ▷ einen **Lagebericht** verfassen, der den vergangenen und künftig erwarteten Geschäftsverlauf und die wirtschaftliche Lage des Unternehmens darstellt.	Der Abschluss soll ein den tatsächlichen Verhältnissen entsprechendes Bild der Vermögens-, Finanzierungs- und Ertragslage der Unternehmung vermitteln, die sogenannte **True-and-Fair-View.** Die Anforderungen an Buchführung und Rechnungslegung sind sehr hoch. Anerkannte Standards sind die Swiss GAAP FER, die IFRS und ausnahmsweise die US GAAP.[3]

Die Geldflussrechnung nach Obligationenrecht wird grundsätzlich gleich gegliedert, wie es die anerkannten Standards vorsehen. Ein kleiner Unterschied besteht bei den Bezeichnungen: Statt «Betriebstätigkeit» nach Swiss GAAP FER wird vom Obligationenrecht der Begriff «Geschäftstätigkeit» verwendet.

Geldflussrechnung nach Obligationenrecht

	Geldfluss aus Geschäftstätigkeit
+/–	Geldfluss aus Investitionstätigkeit
+/–	Geldfluss aus Finanzierungtätigkeit
=	Veränderung der flüssigen Mittel

Geldflussrechnung nach Swiss GAAP FER

	Geldfluss aus Betriebstätigkeit
+/–	Geldfluss aus Investitionstätigkeit
+/–	Geldfluss aus Finanzierungtätigkeit
=	Veränderung der flüssigen Mittel

---

[1] Der Gesetzgeber unterscheidet zwischen Buchführung und Rechnungslegung. Buchführung umschreibt die Tätigkeit des Führens einer Buchhaltung. Rechnungslegung bezeichnet das Ergebnis der durch die Buchführung erfassten Geschäftsfälle.

[2] Einzelunternehmen und Personengesellschaften mit weniger als 500 000 Franken Umsatzerlös müssen rechtlich gesehen lediglich eine einfache Buchhaltung führen (mit Einnahmen und Ausgaben sowie einer Vermögensübersicht; sogenanntes «Milchbüchlein»).

[3] Gemäss Verordnung des Bundesrates über die anerkannten Standards zur Rechnungslegung (VASR).

Geldflussrechnung: Grundlagen 2

Im Obligationenrecht fehlen detaillierte Vorschriften zur Geldflussrechnung. Grundsätzlich ist davon auszugehen, dass nach Obligationenrecht dieselben Regeln gelten, wie sie von den anerkannten Standards verlangt werden.

In der Praxis sind sich die Experten bei zwei Fragen zur Geldflussrechnung nach Obligationenrecht uneinig:

▷ Gehören die geldnahen Mittel nach OR auch zu den flüssigen Mitteln?
▷ Ist der Fonds «Netto-flüssige Mittel» nach OR auch zugelassen?

Die verschiedenen anerkannten Standards zur Rechnungslegung können im Überblick wie folgt charakterisiert werden:

Standards zur Rechnungslegung

Swiss GAAP FER Swiss Generally Accepted Accounting Principles, Fachempfehlungen zur Rechnungslegung	IFRS International Financial Reporting Standards[1]	US GAAP United States Generally Accepted Accounting Principles
▷ Dieses Regelwerk umfasst etwa 250 Seiten. ▷ Die Swiss GAAP FER werden nur in der Schweiz angewandt. ▷ Hauptstärke: Die Regeln sind kurz, bündig und allgemein verständlich formuliert. ▷ Hauptschwäche: Die Regeln sind manchmal large und lassen zu viele alternative Methoden zu. ▷ **Die Geldflussrechnung ist in Swiss GAAP FER 4 geregelt.**	▷ Dieses Regelwerk umfasst etwa 3 000 Seiten. ▷ Die IFRS sind weltweit in über 100 Ländern anerkannt. ▷ Hauptstärke: Die IFRS sind ein umfassendes Regelwerk, das vor allem auf Regeln (Prinzipien, Grundsätzen) beruht. ▷ Hauptschwäche: Der Umfang ist beträchtlich, was den Einsatz von (teuren) Spezialisten notwendig macht. ▷ **Die Geldflussrechnung ist in IAS 7 geregelt.**[2]	▷ Dieses Regelwerk umfasst über 30 000 Seiten. ▷ Die US GAAP werden hauptsächlich in den USA angewandt. ▷ Hauptstärke: Die US GAAP sind meist sehr genau und lassen wenig Spielraum. ▷ Hauptschwächen: Das Regelwerk ist umfangreich und kompliziert. Es enthält viele Einzelvorschriften und wenig allgemein gültige Regeln. ▷ **Die Geldflussrechnung ist hauptsächlich in FAS 95 geregelt.**[3]

Alle drei Regelwerke verlangen die Publikation einer Geldflussrechnung im Geschäftsbericht. Form und Inhalt sind dabei detailliert vorgegeben. Das vorliegende Lehrbuch berücksichtigt diese Anforderungen.

---

[1] Mit den **IFRS for SMEs** (Small and Medium-sized Entities) veröffentlichte das IASB (International Accounting Standards Board) im Jahr 2009 eine verkürzte Version der vollen IFRS. Diese gelten in der Schweiz ebenfalls als anerkannter Standard.

[2] IAS = International Accounting Standard

[3] FAS = Financial Accounting Standard

Geldflussrechnung: Grundlagen

Zusammenfassung

Die Geldflussrechnung schliesst als **dritte Jahresrechnung** die Informationslücken von Bilanz und Erfolgsrechnung, indem sie Aufschluss gibt über

▷ die Liquiditätsentwicklung
▷ die Investierungsvorgänge sowie
▷ die Finanzierungsmassnahmen

innerhalb vergangener oder künftiger Geschäftsperioden.

Die Geldflussrechnung ist eine **Ursachenrechnung;** sie zeigt, weshalb eine bestimmte Liquiditätssituation entsteht.

Geldflussrechnungen werden in **drei Bereiche** gegliedert und zeigen als Saldo die Veränderung der flüssigen Mittel:

Geldflussrechnung	Cash flow statement
Geldfluss aus Betriebstätigkeit (Geschäftstätigkeit, Cashflow)	Cash flows from operating activities
+/– Geldfluss aus Investitionstätigkeit	+/– Cash flows from investing activities
+/– Geldfluss aus Finanzierungstätigkeit	+/– Cash flows from financing activities
= Zunahme oder Abnahme der flüssigen Mittel	= Increase or decrease in cash and cash equivalents

Der **Cashflow** ist die im deutschen Sprachraum gebräuchliche Bezeichnung für den Geldfluss aus Betriebstätigkeit (Geschäftstätigkeit). Er stellt die wichtigste Geldquelle einer Unternehmung dar und ist deshalb eine unverzichtbare Grösse bei der Beurteilung der finanziellen Situation, weil er Informationen vermittelt über die Fähigkeit der Unternehmung:

▷ Investitionen aus der Betriebstätigkeit zu finanzieren
▷ Gewinne auszuschütten und
▷ Schulden zurückzuzahlen

Der Cashflow lässt sich auf zwei Arten ermitteln:

▷ Bei der **direkten Methode** werden die Einnahmen und Ausgaben aus Betriebstätigkeit einander gegenübergestellt. Dadurch werden die Zahlungsvorgänge sichtbar, was vor allem bei zukunftsgerichteten Geldflussrechnungen im Rahmen der Liquiditätsplanung hilfreich ist.
▷ Bei der **indirekten Methode** handelt es sich um eine Überleitungsrechnung vom Gewinn gemäss Erfolgsrechnung zum Cashflow gemäss Geldflussrechnung durch Auflistung aller Differenzen. Im Geschäftsbericht weisen fast alle Unternehmen den Cashflow auf indirekte Weise aus, weil die Berechnung einfacher ist.

Geldflussrechnung: Vertiefung

Beim Aufstellen von Geldflussrechnungen stellen sich anspruchsvolle buchhalterische Fragen, die in diesem Kapitel detailliert besprochen werden.

Aktive und passive Rechnungsabgrenzungen

Durch die Rechnungsabgrenzungen entstehen Differenzen zwischen der Erfolgsrechnung und dem Geldfluss aus Betriebstätigkeit (Cashflow).

Am Periodenende sind grundsätzlich vier Fälle zu unterscheiden. Beschrieben wird in der folgenden Tabelle jeweils die Bildung (bzw. die Erhöhung) der Rechnungsabgrenzung.[1]

Fall	Beispiel	Unterschied zwischen Erfolg und Cashflow	Rechnungsabgrenzung
Noch nicht erhaltener (aufgelaufener) Ertrag	Ein Darlehensgeber hat die Zinszahlung für die laufende Periode noch nicht erhalten.	Der Ertrag ist höher als die Einnahme.	Aktive Rechnungsabgrenzung — Zinsertrag
Aufgelaufener Aufwand	Ein Darlehensnehmer hat den Zins für die laufende Periode noch nicht bezahlt.	Der Aufwand ist höher als die Ausgabe.	Passive Rechnungsabgrenzung — Zinsaufwand
Vorausbezahlter Aufwand	Ein Mieter zahlt den Mietzins zum Voraus.	Die Ausgabe ist höher als der Aufwand.	Aktive Rechnungsabgrenzung — Mietaufwand
Im Voraus erhaltener Ertrag	Ein Vermieter erhält die Mietzinszahlung zum Voraus.	Die Einnahme ist höher als der Ertrag.	Passive Rechnungsabgrenzung — Mietertrag

[1] Bei einer Auflösung oder Reduktion der Rechnungsabgrenzung ist die Wirkung umgekehrt.

Sofern sich die Höhe der Rechnungsabgrenzung in einer Periode nicht verändert, unterscheiden sich Erfolg und Cashflow nicht.

Geldflussrechnung: Vertiefung 3

Beispiel 1 **Aufgelaufener Aufwand**

Ein seit Jahren bestehendes Passivdarlehen von 300 ist nachschüssig am 31. August zu verzinsen. Der Zinsfuss wird per 31. August 20_5 von bisher 4% auf neu 5% erhöht.

Buchungsvariante 1: Keine Rückbuchung der Rechnungsabgrenzung nach der Eröffnung

Datum	Text	Buchungssatz	Passive Rechnungsabgrenzung (PRA)		Zinsaufwand	
01. 01.	Eröffnung	Bilanz/PRA 4		4		
30. 08.	Zinszahlung	Zinsaufwand/Flüssige Mittel 12			12	
31. 12.	Anpassung der Rechnungsabgrenzung	Zinsaufwand/PRA 1		1	1	
31. 12.	Abschluss	PRA/Bilanz 5	**5**			
		ER/Zinsaufwand 13				**13**
			5	5	13	13

Buchungsvariante 2: Rückbuchung der Rechnungsabgrenzung nach der Eröffnung

Datum	Text	Buchungssatz	Passive Rechnungsabgrenzung (PRA)		Zinsaufwand	
01. 01	Eröffnung	Bilanz/PRA 4		4		
01. 01	Rückbuchung der Rechnungsabgrenzung	PRA/Zinsaufwand 4	4			4
30. 08.	Zinszahlung	Zinsaufwand/Flüssige Mittel 12			12	
31. 12.	Neubildung der Rechnungsabgrenzung	Zinsaufwand/PRA 5		5	5	
31. 12.	Abschluss	PRA/Bilanz 5	**5**			
		ER/Zinsaufwand 13				**13**
			9	9	17	17

Unabhängig von der gewählten Buchungsvariante besteht im Beispiel ein Unterschied von 1 zwischen dem Zinsaufwand und der Zinszahlung:

Zinsaufwand gemäss Erfolgsrechnung	13
./. Zunahme Passive Rechnungsabgrenzung (von 4 auf 5)	– 1
= Zinszahlung gemäss Geldflussrechnung	12

In den Gesamtrechnungen wird dieser Sachverhalt wie folgt dargestellt:

32

Geldflussrechnung: Vertiefung 3

Eröffnungsbilanz 1. 1. 20_5

Aktiven		Passiven	
Flüssige Mittel	30	Verbindlichkeiten L+L	100
Forderungen L+L	90	Passive Rechnungsabgrenzung	4
Warenvorrat	40	Darlehen	300
Sachanlagen	644	Eigenkapital	400
	804		804

Geldflussrechnung 20_5

Geldfluss aus Betriebstätigkeit (Cashflow)		
Zahlungen von Kunden	890	
./. Zahlungen an Lieferanten	– 503	
./. Zinszahlung	– 12	
./. Zahlungen für übrigen Aufwand	– 237	138
Geldfluss aus Investitionstätigkeit		
./. Investitionen	– 130	
./. Desinvestitionen	20	– 110
Geldfluss aus Finanzierungstätigkeit		
./. Gewinnausschüttung		– 30
= Abnahme flüssige Mittel		– 2
+ Anfangsbestand flüssige Mittel[①]		30
= Schlussbestand flüssige Mittel[①]		28

Erfolgsrechnung 20_5

Warenertrag	900
./. Warenaufwand	– 500
./. Zinsaufwand	– 13
./. Abschreibungen	– 100
./. Übriger Aufwand (bar)	– 237
= Gewinn	**50**

Cashflow indirekt

Gewinn	50
+ Abschreibungen	100
./. Zunahme Forderungen L+L	– 10
./. Zunahme Vorräte	– 8
+ Zunahme Verbindlichkeiten L+L	5
+ Zunahme Passive Rechnungsabgrenzung	1
= Cashflow	**138**

Schlussbilanz 31. 12. 20_5

Aktiven		Passiven	
Flüssige Mittel	28	Verbindlichkeiten L+L	105
Forderungen L+L	100	Passive Rechnungsabgrenzung	5
Warenvorrat	48	Darlehen	300
Sachanlagen	654	Eigenkapital	420
	830		830

[①] In der Praxis wird am Ende der Geldflussrechnung oft vom Anfangsbestand an flüssigen Mitteln auf den Schlussbestand übergeleitet.

Geldflussrechnung: Vertiefung 3

Rückstellungen

Rückstellungen sind Verbindlichkeiten (Fremdkapital), die am Bilanzstichtag hinsichtlich ihrer Höhe oder dem Zeitpunkt des Eintritts unbestimmt sind.

Beispiel 2 — **Garantierückstellungen**

Datum	Text	Buchungssatz	Rückstellungen		Garantieaufwand[1]	
01. 01.	Eröffnung	Bilanz/Rückstellungen 30		30		
20. 04.	**Bildung** einer Rückstellung aufgrund der Schadenersatzklage eines Kunden	Garantieaufwand/ Rückstellungen 9		9	9	
30. 08.	**Auflösung** einer in der Vorperiode gebildeten Rückstellung infolge eines positiven Gerichtsentscheids	Rückstellungen/ Garantieaufwand 4	4			4
07. 10.	**Verwendung:** Schadenersatzzahlung zulasten der Rückstellungen	Rückstellungen/ Flüssige Mittel 15	15			
31. 12.	Abschluss	Rückstellungen/Bilanz 20	**20**			
		ER/Garantieaufwand 5				5
			39	39	9	9

Bildung, Auflösung und Verwendung von Rückstellungen werden grundsätzlich durch die operative Geschäftstätigkeit verursacht. Deshalb sind diese Tatbestände beim Geldfluss aus Betriebstätigkeit (Cashflow) auszuweisen:

▷ Die Bildung und Auflösung sind erfolgswirksam, aber nicht liquiditätswirksam, weshalb diese Vorgänge als Differenzen zwischen Gewinn und Cashflow im indirekten Cashflow-Nachweis darzustellen sind.

▷ Obwohl die Verwendung nicht erfolgswirksam ist, wird er als Ausgabe im Betriebsbereich (direkter Cashflow-Nachweis) aufgeführt, da es sich um einen operativen Vorgang handelt.[2] Die dadurch entstehende Differenz zwischen Gewinn und Cashflow ist ebenfalls im indirekten Cashflow-Nachweis aufzuführen.

Die nächste Seite zeigt den Ausweis der Rückstellungen in den Gesamtrechnungen.

---

[1] Kann auch als Erlösminderung erfasst werden.

[2] Geldflüsse aus Betriebstätigkeit (Cashflow) stammen in erster Linie aus der Leistungserstellung und Leistungsveräusserung, d. h. aus erfolgswirksamen Geschäftsfällen. Deshalb bildet die Erfolgsrechnung grundsätzlich die Basis für die Berechnung des Cashflows.

Gewisse Vorgänge gehören indes zum Geldfluss aus Betriebstätigkeit, obwohl sie nicht erfolgswirksam sind. Ein wichtiges Beispiel stellt die Verwendung von Rückstellungen dar. Ein anderes Beispiel sind die Vorauszahlungen von Kunden.

Geldflussrechnung: Vertiefung **3**

Eröffnungsbilanz

Aktiven		Passiven	
Flüssige Mittel	30	Verbindlichkeiten L+L	100
Forderungen L+L	90	Rückstellungen	30
Warenvorrat	40	Übriges Fremdkapital	270
Sachanlagen	640	Eigenkapital	400
	800		800

Geldflussrechnung

Geldfluss aus Betriebstätigkeit (Cashflow)		
Zahlungen von Kunden	890	
./. Zahlungen an Lieferanten	– 503	
./. Zahlung zulasten der Rückstellungen (Verwendung)	– 15	
./. Zahlungen für übrigen Aufwand	– 245	127
Geldfluss aus Investitionstätigkeit		
./. Investitionen	– 130	
+ Desinvestitionen	20	– 110
Geldfluss aus Finanzierungstätigkeit		
./. Gewinnausschüttung		– 30
= Abnahme flüssige Mittel		**– 13**

Erfolgsrechnung

Warenertrag	900
./. Warenaufwand	– 500
./. Bildung Rückstellung	– 9
+ Auflösung Rückstellung	4
./. Abschreibungen	– 100
./. Übriger Aufwand (bar)	– 245
= Gewinn	**50**

Cashflow indirekt

Gewinn		50
+ Abschreibungen		100
./. Zunahme Forderungen L+L		– 10
./. Zunahme Vorräte		– 8
+ Zunahme Verbindlichkeiten L+L		5
+ Bildung Rückstellungen		9
./. Auflösung Rückstellungen	–10① {	– 4
./. Verwendung Rückstellungen		– 15
= Cashflow		**127**

Schlussbilanz

Aktiven		Passiven	
Flüssige Mittel	17	Verbindlichkeiten L+L	105
Forderungen L+L	100	Rückstellungen	20
Warenvorrat	48	Übriges Fremdkapital	270
Sachanlagen	650	Eigenkapital	420
	815		815

① Aus methodischen Gründen wurden im Beispiel die Rückstellungsveränderungen einzeln aufgeführt. In der Praxis würden diese als **Abnahme Rückstellungen – 10** auf einer Zeile zusammengefasst.

Geldflussrechnung: Vertiefung — 3

Konten im Fabrikationsbetrieb

Die Besonderheiten von Fabrikationsbetrieben werden anhand eines Zahlenbeispiels erläutert.

Beispiel 3 **Fabrikationsbetrieb**

Der **Materialaufwand** im Fabrikationsbetrieb wird in der Geldflussrechnung grundsätzlich gleich wie der Warenaufwand im Handelsbetrieb gehandhabt, d. h., der Materialaufwand gemäss Erfolgsrechnung unterscheidet sich gegenüber dem Geldfluss aus Betriebstätigkeit durch zwei Differenzen, nämlich durch die Veränderungen des Materialvorrats und der Kreditoren:

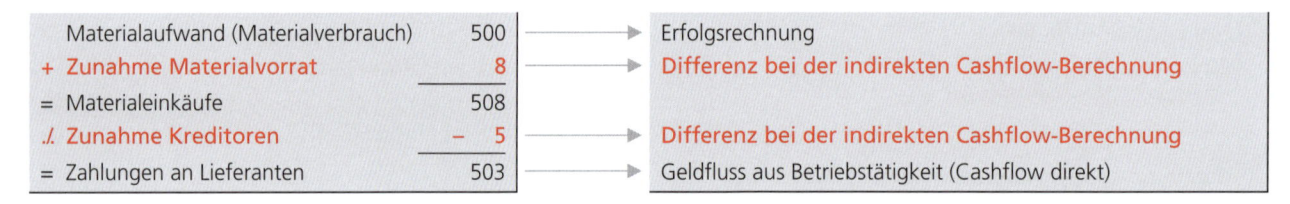

Materialaufwand (Materialverbrauch)	500	→ Erfolgsrechnung
+ Zunahme Materialvorrat	8	→ Differenz bei der indirekten Cashflow-Berechnung
= Materialeinkäufe	508	
./. Zunahme Kreditoren	− 5	→ Differenz bei der indirekten Cashflow-Berechnung
= Zahlungen an Lieferanten	503	→ Geldfluss aus Betriebstätigkeit (Cashflow direkt)

Etwas komplexer ist die Situation beim Ertrag:

▷ Der **Fabrikateertrag** (Verkaufserlös) unterscheidet sich gegenüber den Zahlungen von Kunden hauptsächlich durch die Debitorenveränderungen. Je nach Branche müssen ausserdem die Veränderungen an **Vorauszahlungen von Kunden** berücksichtigt werden. Diese sind zwar nicht erfolgswirksam, stellen aber eine Einnahme im Betriebsbereich dar, weshalb die Differenz bei der indirekten Cashflow-Berechnung auszuweisen ist.

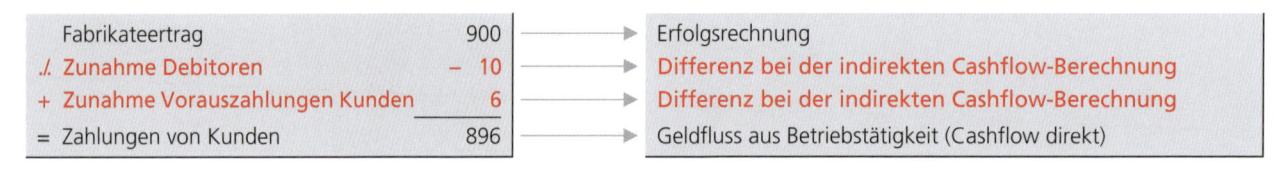

Fabrikateertrag	900	→ Erfolgsrechnung
./. Zunahme Debitoren	− 10	→ Differenz bei der indirekten Cashflow-Berechnung
+ Zunahme Vorauszahlungen Kunden	6	→ Differenz bei der indirekten Cashflow-Berechnung
= Zahlungen von Kunden	896	→ Geldfluss aus Betriebstätigkeit (Cashflow direkt)

▷ Die **Bestandesänderungen an Fabrikatevorräten** (Vorräte an unfertigen und fertigen Erzeugnissen) sind erfolgswirksam, aber nicht liquiditätswirksam, weshalb sie bei der indirekten Cashflow-Berechnung als Differenz auszuweisen sind.

▷ Der **Ertrag aus aktivierten Eigenleistungen** (selbst produzierte und anschliessend aktivierte materielle oder immaterielle Anlagen) ist erfolgswirksam. In der Geldflussrechnung sind die Ausgaben zur Herstellung der Eigenleistungen aber nicht als Betriebstätigkeit, sondern als Investitionstätigkeit auszuweisen, weil sie – gleich wie käuflich erworbene Anlagen – eine Zunahme des Anlagevermögens und damit eine Investition darstellen.

Fabrikateertrag (Verkaufserlös)	900	→ Basis für die Ermittlung der Zahlungen von Kunden
+ Zunahme Fabrikatevorrat	7	→ Differenz bei der indirekten Cashflow-Berechnung
+ Aktivierte Eigenleistungen	2	→ Investitionstätigkeit (Ausgabe)
= Gesamtertrag (Produktionsertrag)	909	→ Erfolgsrechnung

In den Gesamtrechnungen werden diese Sachverhalte wie folgt dargestellt:

Geldflussrechnung: Vertiefung 3

Eröffnungsbilanz

Aktiven		Passiven	
Flüssige Mittel	30	Kreditoren	100
Debitoren	90	Vorauszahlungen von Kunden	20
Materialvorrat	40	Übriges Fremdkapital	340
Fabrikatevorrat	60	Eigenkapital	400
Sachanlagen	640		
	860		860

Geldflussrechnung

Geldfluss aus Betriebstätigkeit (Cashflow)		
Zahlungen von Kunden	896	
./. Zahlungen an Lieferanten	– 503	
./. Zahlungen für übrigen Aufwand	– 259	
+ Korrektur aktivierte Eigenleistung ①	2	136
Geldfluss aus Investitionstätigkeit		
./. Aktivierte Eigenleistungen	– 2	
./. Übrige Investitionen	– 130	
+ Desinvestitionen	20	– 112
Geldfluss aus Finanzierungstätigkeit		
./. Gewinnausschüttung		– 30
= **Abnahme flüssige Mittel**		**– 6**

Erfolgsrechnung

Fabrikateertrag (Verkaufserlös)	900
+ Zunahme Fabrikatevorrat	7
+ Aktivierte Eigenleistungen	2
= **Gesamtertrag (Produktionsertrag)**	**909**
./. Materialaufwand	– 500
./. Abschreibungen	– 100
./. Übriger Aufwand (bar)	– 259
= **Gewinn**	**50**

Cashflow indirekt

Gewinn	50
+ Abschreibungen	100
./. Zunahme Debitoren	– 10
./. Zunahme Vorräte	– 8
+ Zunahme Kreditoren	5
./. Zunahme Fabrikatevorrat	– 7
+ Zunahme Vorauszahlungen Kunden	6
= **Cashflow**	**136**

Schlussbilanz

Aktiven		Passiven	
Flüssige Mittel	24	Kreditoren	105
Debitoren	100	Vorauszahlungen von Kunden	26
Materialvorrat	48	Übriges Fremdkapital	340
Fabrikatevorrat	67	Eigenkapital	420
Sachanlagen	652		
	891		891

① Weil in den Zahlungen an Lieferanten von 503 und den Zahlungen für übrigen Aufwand von 259 auch die Ausgaben für die Herstellung der aktivierten Eigenleistungen enthalten sind, muss bei der direkten Berechnung eine entsprechende Korrektur erfolgen, sonst würden die Ausgaben zweimal erfasst: einmal als Betriebstätigkeit und einmal als Investitionstätigkeit. In den Geschäftsberichten ist eine solche Korrektur kaum je anzutreffen, da fast alle Unternehmen den indirekten Cashflow-Ausweis bevorzugen.

Im Beispiel wurde vernachlässigt, dass die aktivierten Eigenleistungen von 2 auch nicht liquiditätswirksame Teile enthalten, z.B. die Abschreibungen auf den benützten Maschinen. Aus Gründen der Wesentlichkeit kann diese Tatsache auch in der Praxis meist vernachlässigt werden.

Geldflussrechnung: Vertiefung 3

Veräusserungsgewinne

Bei der Veräusserung von nicht mehr benötigten Sachanlagen entspricht der Verkaufserlös meist nicht dem in der Buchhaltung geführten Wert:

▷ Liegt der Verkaufserlös unter dem Buchwert, entsteht ein Veräusserungsverlust, der in der Geldflussrechnung grundsätzlich gleich wie eine zusätzliche Abschreibung zu erfassen ist.

▷ Ist der Verkaufserlös höher als der Buchwert, entsteht ein Veräusserungsgewinn. Für die Geldflussrechnung stellt sich die Frage, ob diese zusätzliche Einnahme als Geldfluss aus Betriebstätigkeit (Cashflow) oder als Geldfluss aus Investitionstätigkeit darzustellen sei.

Beispiel 4 — **Veräusserungsgewinn (direkte Abschreibung)**

Ein Stück Land im Buchwert von 200 wird für 250 gegen Bankzahlung verkauft.

Einnahme aus Verkauf von Land	250
./. Buchwert Land	− 200
= Veräusserungsgewinn (Ertrag)	50

Natürlich würden die Manager ihren Leistungsausweis im Geschäftsbericht gerne um einen zusätzlichen Cashflow von 50 aufpolieren (siehe graue Lösung).

Betriebswirtschaftlich richtig ist indes der Ausweis einer Einnahme von 250 im Investitionsbereich, denn der Geldzufluss ist einzig auf den Verkauf einer Sachanlage (= Devestierung) zurückzuführen. Deshalb wird diese Lösung von den Rechnungslegungsstandards vorgeschrieben.

Geldflussrechnung (richtig)

Geldfluss aus Betriebstätigkeit (Cashflow, Geschäftstätigkeit)		
Einnahmen aus Betriebstätigkeit	900	
./. Ausgaben aus Betriebstätigkeit	− 800	100
Geldfluss aus Investitionstätigkeit		
./. Investitionen	− 180	
+ Devestition	250	70
Geldfluss aus Finanzierungstätigkeit		
./. Amortisation Finanzschulden	− 90	
./. Gewinnausschüttung	− 40	− 130
= Zunahme flüssige Mittel		**40**

Geldflussrechnung (falsch)

Geldfluss aus Betriebstätigkeit (Cashflow, Geschäftstätigkeit)		
Einnahmen aus Betriebstätigkeit	900	
./. Ausgaben aus Betriebstätigkeit	− 800	
+ Veräusserungsgewinn	50	150
Geldfluss aus Investitionstätigkeit		
./. Investitionen	− 180	
+ Devestition	200	20
Geldfluss aus Finanzierungstätigkeit		
./. Amortisation Finanzschulden	− 90	
./. Gewinnausschüttung	− 40	− 130
= Zunahme flüssige Mittel		**40**

Geldflussrechnung: Vertiefung 3

Beispiel 5 Veräusserungsgewinn (indirekte Abschreibung)

Sachanlagen im Buchwert von 80 wurden für 100 bar verkauft.

Anschaffungswert Sachanlagen	170
./. Kumulierte Wertberichtigungen	– 90
= Buchwert	80
+ Veräusserungsgewinn (Ertrag)	20
= Verkaufserlös	100

Nebst der Erfassung von Verkaufserlös und Veräusserungsgewinn müssen der Anschaffungswert sowie die kumulierte Wertberichtigung der verkauften Sachanlage ausgebucht werden.

Eröffnungsbilanz

Aktiven		Passiven	
Diverse Aktiven	550	Fremdkapital	500
Sachanlagen	700	Eigenkapital	350
./. Wertberichtigung Sachanlagen	– 400		
	850		850

Geldflussrechnung

Geldfluss aus Betriebstätigkeit (Cashflow)		
Zahlungen von Kunden	2 000	
./. Zahlungen für diversen Aufwand	– 1 900	100
Geldfluss aus Investitionstätigkeit		
./. Kauf Sachanlagen	– 120	
+ Verkauf Sachanlagen	100	– 20
Geldfluss aus Finanzierungstätigkeit		
./. Gewinnausschüttung		– 50
= Zunahme flüssige Mittel		**30**

Erfolgsrechnung

Warenertrag (bar)	2 000
./. Diverser Aufwand (bar)	– 1 900
./. Abschreibungen	– 50
+ Veräusserungsgewinn	20
= Gewinn	**70**

Cashflow indirekt

Gewinn	70
+ Abschreibungen	50
./. Veräusserungsgewinn	– 20
= Cashflow	**100**

Schlussbilanz

Aktiven		Passiven	
Diverse Aktiven	580	Fremdkapital	500
Sachanlagen	650	Eigenkapital	370
./. Wertberichtigung Sachanlagen	– 360		
	870		870

Zur Kontrolle sind auf der nächsten Seite die Konten des Anlagevermögens abgebildet.

Veräusserungsgewinn bei indirekter Abschreibung

Text	Buchungssatz	Sachanlagen		Wertberichtigung	
Eröffnung	Diverse	700			400
Kauf Sachanlagen	Sachanlagen/Flüssige Mittel 120	120			
Verkauf Sachanlagen ▷ Verkaufserlös ▷ Veräusserungsgewinn ▷ Ausbuchung Wertberichtigung	Flüssige Mittel/Sachanlagen 100		100		
	Sachanlagen/ Veräusserungsgewinn 20	20			
	Wertberichtigung/Sachanlagen 90		90	90	
Abschreibungen	Abschreibungen/Wertberichtigung 50				50
Abschluss (Salden)	Diverse		**650**	**360**	
		840	840	450	450

Dividenden

Dividendenausgaben (Gewinnausschüttungen)

▷ Dividendenausgaben werden in der Praxis meist als Geldabfluss aus Finanzierungstätigkeit ausgewiesen.

▷ Alternativ können gezahlte Dividenden auch als Verminderung des Geldflusses aus Betriebstätigkeit klassifiziert werden, damit die Fähigkeit eines Unternehmens, Dividenden aus dem laufenden Cashflow zu bezahlen, leichter beurteilt werden kann.

Diese Variante wird in Geschäftsberichten selten angewandt, weil die Manager normalerweise bestrebt sind, einen möglichst hohen Cashflow auszuweisen. Sie kann hingegen in internen Planungsrechnungen durchaus sinnvoll sein.

Dividendeneinnahmen (Beteiligungserträge)

▷ Dividendeneinnahmen sind vorzugsweise als Geldzufluss aus Betriebstätigkeit darzustellen, weil es sich bei Beteiligungserträgen um erfolgswirksame Vorgänge handelt.

▷ Alternativ können Dividendeneinnahmen auch als Geldzufluss aus Investitionstätigkeit aufgeführt werden, da sie Rückflüsse aus Investitionen darstellen.

Leider erschweren solche Wahlrechte den Vergleich von Abschlüssen verschiedener Unternehmen. Es wäre wünschenswert, wenn sich die Standard setzenden Gremien zu einheitlichen Regelungen durchringen könnten.

Immerhin gilt auch hier das Prinzip der Stetigkeit, d.h., die einmal gewählte Darstellungsmethode ist über die Jahre konstant anzuwenden.

Geldflussrechnung: Vertiefung — 3

Zinsen

Einnahmen und Ausgaben für Zinsen sind in der Geldflussrechnung oder im Anhang separat auszuweisen.

Die Zinsen sollten nach Auffassung des Buchautors vorzugsweise im Betriebsbereich (Geschäftsbereich) dargestellt werden, weil es sich um erfolgswirksame Vorgänge handelt und die Erfolgsrechnung grundsätzlich die Ausgangsbasis für die Cashflow-Berechnung bildet.

Allerdings sind nach Swiss GAAP FER und IFRS alternativ auch folgende Ausweise möglich:
▷ Zinszahlungen können als Geldabfluss aus Finanzierungstätigkeit klassifiziert werden, weil es sich um Finanzierungskosten handelt.
▷ Zinseinnahmen können als Geldzufluss aus Investitionstätigkeit eingeordnet werden, weil sie Rückflüsse aus Finanzinvestitionen darstellen.

Da sich der Cashflow durch das Weglassen der Zinsausgaben im Betriebsbereich erhöht, wird von diesem Wahlrecht in der Praxis reger Gebrauch gemacht.

Beispiel 6 — Zinsausgaben

Die Folgen einer unterschiedlichen Darstellung der Zinsausgaben werden am Beispiel eines Flughafenbetreibers[1] veranschaulicht. Die Zahlen sind in Millionen Franken.

Geldflussrechnung Variante 1

Geldfluss aus Betriebstätigkeit (Cashflow, Geschäftstätigkeit)		
Einnahmen aus Leistungen	700	
./. Zahlungen ans Personal	– 150	
./. Zinszahlungen	– 100	
./. Zahlungen für übrigen Aufwand	– 250	200
Geldfluss aus Investitionstätigkeit		
./. Investitionen		– 120
Geldfluss aus Finanzierungstätigkeit		
./. Rückzahlung Finanzschulden	– 130	
./. Gewinnausschüttung	– 20	– 150
= Abnahme flüssige Mittel		– 70

Geldflussrechnung Variante 2

Geldfluss aus Betriebstätigkeit (Cashflow, Geschäftstätigkeit)		
Einnahmen aus Leistungen	700	
./. Zahlungen ans Personal	– 150	
./. Zahlungen für übrigen Aufwand	– 250	300
Geldfluss aus Investitionstätigkeit		
./. Investitionen		– 120
Geldfluss aus Finanzierungstätigkeit		
./. Rückzahlung Finanzschulden	– 130	
./. Zinszahlungen	– 100	
./. Gewinnausschüttung	– 20	– 250
= Abnahme flüssige Mittel		– 70

Bei der Analyse des Cashflows ist deshalb grundsätzlich darauf zu achten, wie die verschiedenen Wahlrechte der Rechnungslegungsstandards ausgeübt wurden. Ein besonderes Augenmerk muss dabei dem Ausweis der Zinszahlungen geschenkt werden.

[1] Flughäfen sind sehr kapitalintensive Betriebe. Im vorliegenden Fall beträgt die Bilanzsumme 3 Milliarden, das Fremdkapital rund 2 Milliarden Franken. Dementsprechend hoch sind die Zinszahlungen und damit die Unterschiede im Cashflow-Ausweis.

Geldflussrechnung: Vertiefung 3

Debitorenverluste (Verluste Forderungen)

Es gibt zwei verschiedene Formen von Debitorenverlusten:

▷ **Konkrete Debitorenverluste** (zum Beispiel wegen Konkurses eines Kunden) sind eine liquiditätswirksame Ertragsminderung und führen im Vergleich zum fakturierten Verkaufserlös zu einer Verminderung der Zahlungseingänge.

▷ Die **Erhöhung des Delkrederes** (Wertberichtigung Forderungen) stellt eine nicht liquiditätswirksame Ertragsminderungen dar.

Beispiel 7 — Debitorenverluste

Bilanz

	Anfang Jahr	Ende Jahr
Forderungen L+L	100	120
./. Delkredere	– 5	– 6

Erfolgsrechnung

Fakturierter Bruttoerlös	850
./. Debitorenverluste	– 7
./. Erhöhung Delkredere	– 1
= Nettoerlös	842

Geldflussrechnung

Fakturierter Bruttoerlös	850
./. Debitorenverluste	– 7
./. Zunahme Debitoren	– 20
= Zahlungen von Kunden	823

Mehrstufiger Cashflow-Ausweis

Nach schweizerischem Buchführungs- und Rechnungslegungsrecht (OR 959b) wird in der Erfolgsrechnung unterschieden zwischen betrieblichen und betriebsfremden sowie ausserordentlichen Aufwänden und Erträgen (ausserordentlich umfasst auch einmalig und betriebsfremd).

Im Kontenrahmen KMU wird der Betrieb zusätzlich aufgeteilt in Hauptbetrieb (Kontenklassen 3 bis 6) und Nebenbetriebe (Kontenklasse 7).[1]

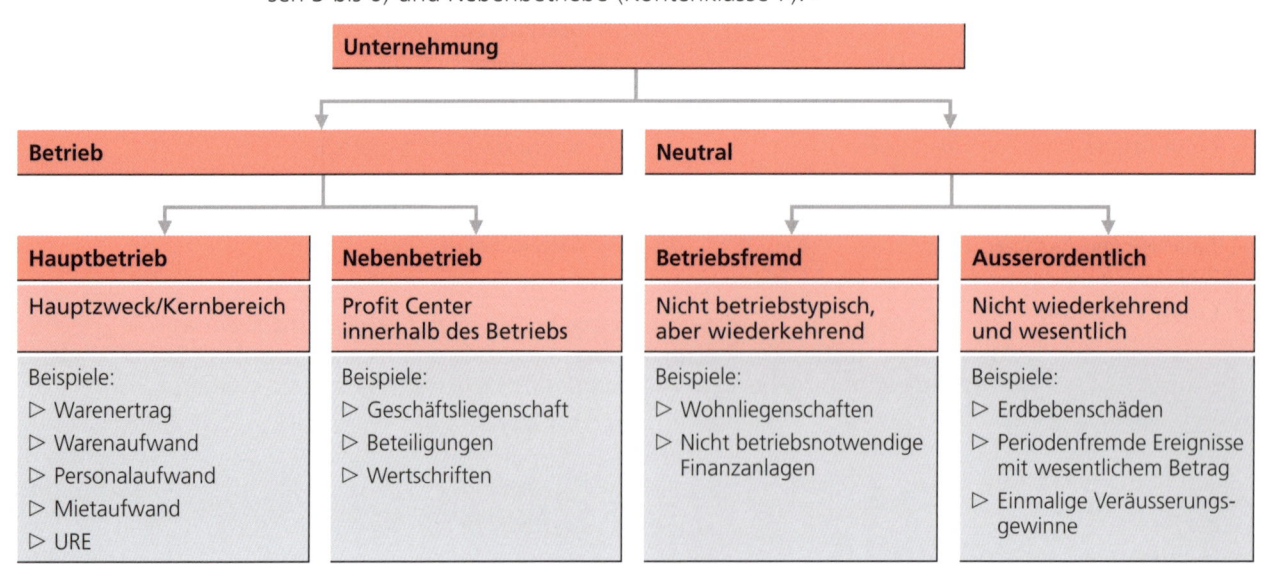

```
                        Unternehmung
                   ┌─────────┴─────────┐
                Betrieb              Neutral
              ┌────┴────┐          ┌────┴────┐
         Hauptbetrieb  Nebenbetrieb  Betriebsfremd  Ausserordentlich
```

Hauptbetrieb	Nebenbetrieb	Betriebsfremd	Ausserordentlich
Hauptzweck/Kernbereich	Profit Center innerhalb des Betriebs	Nicht betriebstypisch, aber wiederkehrend	Nicht wiederkehrend und wesentlich
Beispiele: ▷ Warenertrag ▷ Warenaufwand ▷ Personalaufwand ▷ Mietaufwand ▷ URE	Beispiele: ▷ Geschäftsliegenschaft ▷ Beteiligungen ▷ Wertschriften	Beispiele: ▷ Wohnliegenschaften ▷ Nicht betriebsnotwendige Finanzanlagen	Beispiele: ▷ Erdbebenschäden ▷ Periodenfremde Ereignisse mit wesentlichem Betrag ▷ Einmalige Veräusserungsgewinne

[1] Die Zuteilung der Geschäftsfälle auf die verschiedenen Unternehmensbereiche ist allerdings nicht immer eindeutig und wird in der Praxis uneinheitlich gehandhabt.

Nach IFRS und US GAAP gibt es keine ausserordentlichen oder betriebsfremden Tätigkeiten; alle Aktivitäten der Unternehmung sind als betrieblich zu betrachten.

Geldflussrechnung: Vertiefung **3**

Die Erfolgsrechnung bildet grundsätzlich den Ausgangspunkt für die Cashflow-Berechnung, und deshalb lässt sich der Cashflow nach denselben Kriterien ebenfalls mehrstufig darstellen. In der Praxis sind allerdings einstufige Cashflow-Nachweise die Regel.

Beispiel 8   **Mehrstufige Cashflow-Berechnung**

Die Archos AG wird buchhalterisch in zwei Bereiche aufgeteilt:
▷ Als Hauptbetrieb wird ein Architekturbüro geführt.
▷ Als Nebenbetrieb erfasst wird die Geschäftsliegenschaft, deren Räumlichkeiten an die Archos AG und an Dritte vermietet werden.

Erfolgsrechnung

	Honorarertrag (bei einer Debitorenzunahme von 2)	60
./.	Personalaufwand (= Ausgaben)	– 34
./.	Verrechneter Mietaufwand (Eigenmiete)	– 8
./.	Abschreibungen	– 6
./.	Bildung von Rückstellungen	– 1
./.	Übriger Betriebsaufwand (= Ausgaben)	– 4
=	**Gewinn Hauptbetrieb**	**7**
+	Mietertrag von Dritten (= Einnahmen)	19
+	Verrechneter Mietertrag (Eigenmiete)	8
./.	Hypothekarzinsen (= Ausgaben)	– 9
./.	Abschreibung Liegenschaft	– 10
./.	Übriger Liegenschaftsaufwand (= Ausgaben)	– 5
=	**Gewinn Nebenbetrieb**	**3**
=	**Unternehmensgewinn**	**10**

Auf der Grundlage dieser zweistufigen Erfolgsrechnung lässt sich auch der Cashflow zweistufig berechnen:

Direkte Cashflow-Berechnung

	Zahlungen von Kunden (60 – 2)	58
./.	Zahlungen ans Personal	– 34
./.	Zahlungen für übrigen Aufwand	– 4
=	**Cashflow Hauptbetrieb**	**20**
+	Zahlungen von Mietern	19
./.	Zahlungen Hypothekarzinsen	– 9
./.	Übrige Liegenschaftsausgaben	– 5
=	**Cashflow Nebenbetrieb**	**5**
=	**Cashflow Unternehmung**	**25**

Indirekte Cashflow-Berechnung

	Gewinn Hauptbetrieb	7
+	Abschreibungen	6
+	Bildung Rückstellungen	1
+	Verrechneter Mietaufwand	8
./.	Debitorenzunahme	– 2
=	**Cashflow Hauptbetrieb**	**20**
+	Gewinn Nebenbetrieb	3
+	Abschreibung Liegenschaft	10
./.	Verrechneter Mietertrag	– 8
=	**Cashflow Nebenbetrieb**	**5**
=	**Cashflow Unternehmung**	**25**

Geldflussrechnung: Vertiefung 3

Indirekter Cashflow-Nachweis mit EBIT[1]

In Geschäftsberichten grosser Unternehmen wird bei der indirekten Methode der Cashflow-Berechnung manchmal mit EBIT anstelle des Gewinns begonnen.

Dies hat den Vorteil, dass der von den Rechnungslegungsstandards in der Geldflussrechnung *oder* im Anhang verlangte Ausweis der bezahlten Zinsen und der bezahlten Gewinnsteuern auf einfache Weise dargestellt werden kann.

Das Beispiel zeigt die unterschiedlichen Berechnungsmöglichkeiten für den Cashflow.

Beispiel 9   **Indirekter Cashflow mit EBIT**

In der Ausgangslage sind die Erfolgsrechnung sowie zusätzliche Informationen gegeben:

Erfolgsrechnung

Warenertrag	200
./. Warenaufwand	– 120
./. Abschreibungen	– 20
./. Diverser Aufwand	– 41
= **EBIT**	**19**
./. Zinsaufwand	– 5
./. Gewinnsteueraufwand	– 4
= **Gewinn**	**10**

Zusätzliche Informationen

▷ Zunahme Debitoren	8
▷ Zunahme Kreditoren	5
▷ Abnahme Warenvorrat	7
▷ Zunahme aufgelaufene Zinsen (passive Rechnungsabgrenzung)	2
▷ Abnahme aufgelaufene Steuern (passive Rechnungsabgrenzung)	1

Für die Cashflow-Berechnung gibt es nebst der direkten Methode zwei verschiedene Varianten der indirekten Methode:

Cashflow direkt

Zahlungen von Kunden	192
./. Zahlungen an Lieferanten	– 108
./. Zahlungen div. Aufwand	– 41
./. Zahlungen für Zinsen	– 3
./. Zahlungen für Steuern	– 5
= **Cashflow**	**35**

Cashflow indirekt: Variante Gewinn

Gewinn	10
+ Abschreibungen	20
./. Zunahme Debitoren	– 8
+ Abnahme Warenvorrat	7
+ Zunahme Kreditoren	5
+ Zunahme PRA Zinsen	2
./. Abnahme PRA Steuern	– 1
= **Cashflow**	**35**

Cashflow indirekt: Variante EBIT

EBIT	19
+ Abschreibungen	20
./. Zunahme Debitoren	– 8
+ Abnahme Warenvorrat	7
+ Zunahme Kreditoren	5
./. Zahlungen für Zinsen	– 3
./. Zahlungen für Steuern	– 5
= **Cashflow**	**35**

[1] EBIT = Earnings before interest and tax (Ergebnis vor Zinsen und Steuern)

Nicht liquiditätswirksame Transaktionen

Investitions- und Finanzierungsvorgänge, welche nicht zu einer Veränderung der flüssigen Mittel führen, sind nicht in die Geldflussrechnung aufzunehmen, sondern im **Anhang** aufzuführen. Beispiele sind:

▷ Kapitalerhöhung durch Sacheinlagen
▷ Umwandlung von Finanzverbindlichkeiten in Eigenkapital (z. B. bei Wandelanleihen oder Forderungsverzichten)
▷ Erwerb von Vermögenswerten im Finanzierungsleasing

Konzern-Geldflussrechnung

Beim Erstellen von konsolidierten Geldflussrechnungen ergeben sich viele zusätzliche Problemstellungen, zum Beispiel:

▷ Erwerb und Veräusserung von Tochtergesellschaften
▷ Konzerninterne Guthaben und Schulden sowie Zahlungen für Lieferungen und Leistungen
▷ Konzerninterne Gewinnausschüttungen
▷ Zwischengewinne auf Lieferungen und Leistungen sowie Anlagenlieferungen
▷ Währungsdifferenzen bei der Umrechnung von Abschlüssen in funktionalen Währungen, die nicht der Darstellungswährung der Konzernrechnung entsprechen
▷ Erträge aus assoziierten Gesellschaften
▷ Latente Steuern, d.h. Steuerfolgen aus Differenzen zwischen der Konzernrechnung und dem Steuerabschluss

Im Rahmen dieses Lehrbuchs ist es nicht möglich, konsolidierte Geldflussrechnungen zu besprechen, weil dazu sehr gute Kenntnisse in der Konsolidierungstechnik notwendig sind.

Die Konzern-Geldflussrechnung wird ausführlich erläutert im Lehrbuch von **Prochinig/Winiger/von Gunten: Konzernrechnung,** Kapitel 20 (Verlag SKV).

3

4

Finanzplanung

Alle Menschen planen, sobald sie etwas vorhaben, das sich von der täglichen Routine abhebt. Dabei ist das Grundprinzip der Planung immer dasselbe, unabhängig davon, ob eine Privatperson oder eine Unternehmung plant:

> Die Planung ist ein Prozess, in dessen Verlauf
> ▷ die **Ziele** bestimmt werden
> ▷ die zur Zielerreichung führenden **Massnahmen** festgelegt und
> ▷ mit dem erforderlichen **Mitteleinsatz** koordiniert werden

Zur Veranschaulichung dieser Definition dienen zwei Beispiele:

Beispiel 1 **Privatperson**

Ziel	Sie wollen in Ihrer beruflichen Zukunft interessantere und vielfältigere Arbeiten ausführen können und dabei mehr verdienen.
Massnahmen	Sie besuchen deshalb weiterbildende Schulen und haben unter anderem das vorliegende Buch gekauft.
Finanzielle Mittel	Der Schulbesuch verursacht Ausgaben in Form von Kursgeldern, Wegkosten, Bücherkäufen und auswärtiger Verpflegung.

Beispiel 2 **Unternehmung**

Ziel	Eine Schule hat sich zum Ziel gesetzt, zu den führenden Anbietern von Informatikkursen auf dem Platz Zürich zu gehören.
Massnahmen	Dazu müssen umfangreiche Investitionen in neueste Hard- und Software vorgenommen werden. Ausserdem werden Neueinstellungen von erfahrenen Lehrkräften sowie Mitarbeiter/innen in Verkauf, Technik und Administration notwendig. Zudem sind die räumlichen Verhältnisse anzupassen (Umbauten, Erweiterung der Raumkapazität).
Finanzielle Mittel	Der Kauf und der Unterhalt dieser Hard- und Software führt zu einmaligen und zu wiederkehrenden Ausgaben, die mittelfristig durch die Kursgelder zu decken sind. Ausserdem müssen die zusätzlichen Löhne und Raumkosten bezahlt werden können.

Finanzplanung 4

Im Geschäftsleben wird grundsätzlich zwischen strategischer und operativer Planung unterschieden:

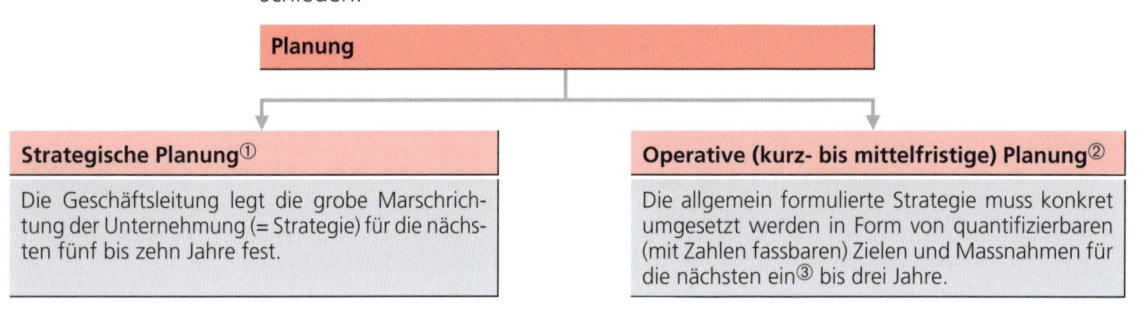

Planung	
Strategische Planung①	**Operative (kurz- bis mittelfristige) Planung**②
Die Geschäftsleitung legt die grobe Marschrichtung der Unternehmung (= Strategie) für die nächsten fünf bis zehn Jahre fest.	Die allgemein formulierte Strategie muss konkret umgesetzt werden in Form von quantifizierbaren (mit Zahlen fassbaren) Zielen und Massnahmen für die nächsten ein③ bis drei Jahre.

① Der Begriff geht zurück auf das griechische Wort *stratos,* was Heer bedeutet. Unter Strategie verstand man ursprünglich die Kunst der Kriegsführung.

② Das lateinische Wort *operari* bedeutet arbeiten, sich abmühen.

Nicht eingegangen wird in diesem Lehrmittel auf die **dispositive Planung** (lateinisch *disponere* bedeutet, in einer bestimmten Reihenfolge aufstellen). Bei der dispositiven Planung geht es um die konkrete Durchführung der beschlossenen Massnahmen im Rahmen des finanz- und leistungswirtschaftlichen Geschäftsprozesses. Beispiele sind die Fertigungssteuerung, die Personaleinsatzplanung, das Bestellwesen oder die sehr kurzfristige Liquiditätsplanung. Die dispositive Planung ist eine reine Ausführungsplanung.

③ Die detaillierte Einjahresplanung wird in der Praxis **Budgetierung** genannt. Dementsprechend heissen die Jahrespläne **Budgets.**

Strategische Planung

Unternehmungen können in einer sich rasch verändernden Welt nur erfolgreich überleben, wenn sie ihr Umfeld dauernd beobachten, analysieren, Trends erkennen, Veränderungen antizipieren und sich möglichst rasch darauf einstellen. Dieser ständige Prozess des Aufspürens von Tendenzen und des kreativen Reagierens ist die Kernaufgabe des strategischen Managements.

Wirkungsvolle Reaktionen sind aber nur möglich, wenn diese auf die eigenen Fähigkeiten der Unternehmung abgestimmt sind und den Wertvorstellungen ihrer Mitarbeiter entsprechen. Deshalb gehen die Analyse der Umwelt und die Analyse der eigenen Unternehmung stets Hand in Hand:

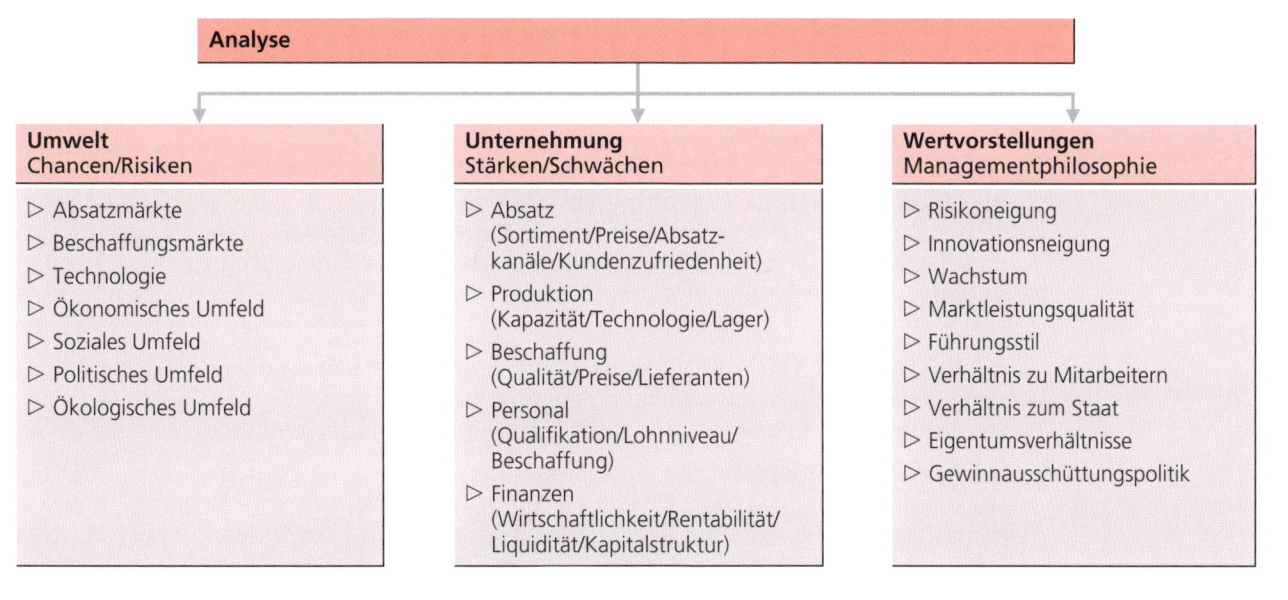

Analyse		
Umwelt Chancen/Risiken	**Unternehmung** Stärken/Schwächen	**Wertvorstellungen** Managementphilosophie
▷ Absatzmärkte ▷ Beschaffungsmärkte ▷ Technologie ▷ Ökonomisches Umfeld ▷ Soziales Umfeld ▷ Politisches Umfeld ▷ Ökologisches Umfeld	▷ Absatz (Sortiment/Preise/Absatzkanäle/Kundenzufriedenheit) ▷ Produktion (Kapazität/Technologie/Lager) ▷ Beschaffung (Qualität/Preise/Lieferanten) ▷ Personal (Qualifikation/Lohnniveau/Beschaffung) ▷ Finanzen (Wirtschaftlichkeit/Rentabilität/Liquidität/Kapitalstruktur)	▷ Risikoneigung ▷ Innovationsneigung ▷ Wachstum ▷ Marktleistungsqualität ▷ Führungsstil ▷ Verhältnis zu Mitarbeitern ▷ Verhältnis zum Staat ▷ Eigentumsverhältnisse ▷ Gewinnausschüttungspolitik

Basierend auf der Umwelt- und Unternehmungsanalyse und unter Einbezug der Wertvorstellungen, wird die Unternehmungsstrategie erarbeitet. Im Rahmen dieses komplexen Prozesses verknüpfen erfolgreiche Unternehmer/innen die oben beschriebenen analytischen Aspekte meist mit intuitiv-visionären Vorstellungen. Nur wenn «Kopf» und «Bauch» übereinstimmen, besteht die Chance, dass die optimale Strategie gefunden werden kann.[1]

Da die Strategiefindung nicht Hauptaufgabe des Rechnungswesens ist, wird im Rahmen dieses Lehrbuchs nicht weiter auf die strategische Planung eingegangen.

---

[1] Der Kopf steht hier für den Intellekt, der Bauch für die Intuition: Das logisch-abstrakte, analytische Denken der linken Hirnhälfte soll gepaart werden mit dem intuitiven, anschaulich-bildhaften Fühlen der rechten Hirnhälfte.

Dieser ganzheitliche Ansatz ist nicht zufällig auch das Thema des Bildes auf dem Buchdeckel dieses Lehrmittels (vgl. Beschreibung auf der Rückseite des Buchumschlags).

Finanzplanung

Operative Planung

Diese Doppelseite zeigt schematisch die Zusammenhänge zwischen den **Teilplänen** und **Gesamtplänen** im Rahmen der operativen Planung:

Der **Umsatz- oder Absatzplan** bildet immer den Ausgangspunkt der Planung. Er wird von der Marketing- oder Verkaufsabteilung erstellt.

Die Absatzzahlen sind in der Praxis schwierig abzuschätzen, hängen sie doch stark vom Verhalten der Kundschaft und der Konkurrenz ab, von Faktoren also, die von der betreffenden Unternehmung nur teilweise beeinflusst werden können. Oft werden deshalb verschiedene Prognosen gestellt und optimistische, realistische oder pessimistische Varianten konkret durchgerechnet.

Der Umsatzplan wirkt sich in der Buchhaltung in Form von Ertrag auf die Plan-Erfolgsrechnung aus und in Form von Einnahmen auf die Plan-Geldflussrechnung. Sofern nicht alle Kunden bar bezahlen, unterscheiden sich Ertrag und Einnahmen durch die Debitorenveränderungen: Nehmen die Debitoren beispielsweise zu, bedeutet dies, dass mehr verkauft wurde, als Kunden bezahlt haben; die Erträge sind also höher als die Einnahmen.

Die **Produktions- und Verwaltungspläne** ① basieren auf den voraussichtlichen Absatzzahlen. Die Umsetzung dieser Pläne verursacht Aufwände und Ausgaben. Zu beachten ist, dass die Abschreibungen und Rückstellungsbildungen wohl Aufwand darstellen, aber keine Ausgaben. Weitere Unterschiede zwischen Aufwand und Ausgabe ergeben sich bei Kreditoren- und Vorratsveränderungen.

Der **Investitionsplan** enthält die geplanten Käufe von Anlagevermögen, die zur Erbringung der vorgesehenen Produktionsmengen erforderlich sind. Er enthält auch die Desinvestitionen, d.h. die Verkäufe von nicht mehr benötigtem Anlagevermögen.

Der **Finanzierungsplan** gibt Aufschluss über die Aussenfinanzierung, d.h. über die Deckung einer Finanzierungslücke durch Aufnahme von Fremd- oder Eigenkapital, sowie die Definanzierung, d.h. die Rückzahlung fälliger Kredite. Die Dividendenausschüttung kann wahlweise entweder als Unterschied zwischen Brutto- und Nettocashflow gezeigt werden (im Schema auf der nächsten Seite der Fall) oder als Definanzierung ausgewiesen werden.

Die buchhalterischen Auswirkungen der obigen Teilpläne werden in den Gesamtplänen zusammengefasst, was nebst der Organisation des Planungsprozesses die Hauptaufgabe des Rechnungswesens darstellt. Eine zentrale Bedeutung kommt dabei der **Plan-Geldflussrechnung** ② zu. Sie umfasst alle Einnahmen und Ausgaben einer Periode, gegliedert in Betriebs-, Investitions- und Finanzierungsbereich, und zeigt als Saldo die Veränderung der flüssigen Mittel.

Die **Plan-Erfolgsrechnung** ③ gibt als weiterer Gesamtplan einen Überblick über sämtliche Eigenkapitalveränderungen, welche durch die Geschäftstätigkeit in der Planperiode verursacht werden, und zeigt als Saldo den Erfolg.

Die **Plan-Bilanz** am Ende der Planperiode ergibt sich automatisch.

Das Zusammenwirken von Teil- und Gesamtplänen wird auf der nächsten Seite schematisch dargestellt:

---

① Unter Produktionsplan werden hier vereinfachend verschiedene, von Branche zu Branche unterschiedliche Teilpläne zusammengefasst, zum Beispiel die Pläne für die Materialbeschaffung, den Materialfluss und die Lagerung oder die Pläne für den Einsatz von Personen und Maschinen.

② Die Plan-Geldflussrechnung wird in der Praxis auch **Finanzplan** oder **Liquiditätsbudget** genannt.

③ Die Plan-Erfolgsrechnung wird auch **Erfolgsbudget** genannt.

Finanzplanung

Schematischer Überblick über die Teilpläne und die Gesamtpläne

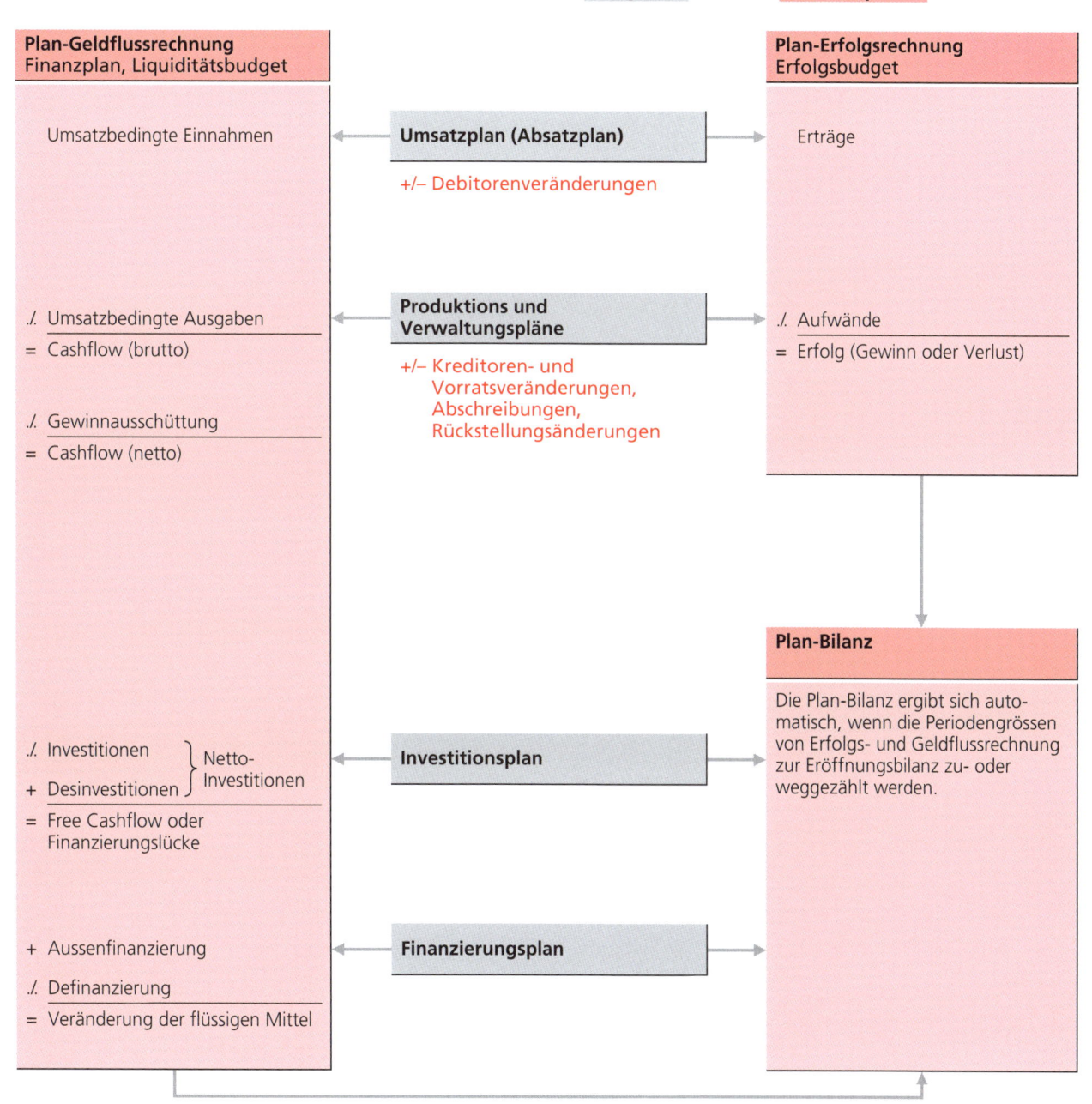

Plan-Geldflussrechnung Finanzplan, Liquiditätsbudget		Plan-Erfolgsrechnung Erfolgsbudget
Umsatzbedingte Einnahmen	← **Umsatzplan (Absatzplan)** →	Erträge
	+/– Debitorenveränderungen	
./. Umsatzbedingte Ausgaben = Cashflow (brutto)	← **Produktions und Verwaltungspläne** →	./. Aufwände = Erfolg (Gewinn oder Verlust)
./. Gewinnausschüttung = Cashflow (netto)	+/– Kreditoren- und Vorratsveränderungen, Abschreibungen, Rückstellungsänderungen	

Plan-Bilanz

Die Plan-Bilanz ergibt sich automatisch, wenn die Periodengrössen von Erfolgs- und Geldflussrechnung zur Eröffnungsbilanz zu- oder weggezählt werden.

./. Investitionen ⎫ Netto-
\+ Desinvestitionen ⎭ Investitionen   ← **Investitionsplan** →

= Free Cashflow oder Finanzierungslücke

\+ Aussenfinanzierung   ← **Finanzierungsplan** →
./. Definanzierung
= Veränderung der flüssigen Mittel

Finanzplanung 4

Beispiel

Plan-Geldflussrechnung (Finanzplan, Liquiditätsbudget)

	20_1[1]	20_2[1]	20_3[1]
Geldfluss aus Betriebstätigkeit (Cashflow)			
Zahlungen von Kunden	200	220	250
./. Zahlungen an Lieferanten	– 120	– 130	– 150
./. Zahlungen ans Personal	– 30	– 35	– 38
./. Zahlungen für Miete	– 10	– 10	– 10
./. Zahlungen für übrigen Aufwand	– 15	– 15	– 17
= **Cashflow (brutto)**	25	30	35
./. Gewinnausschüttung[2]	– 12	– 15	– 18
= **Cashflow (netto)**	13	15	17
Geldfluss aus Investitionstätigkeit			
./. Investitionen (Kauf Anlagevermögen)	– 20	– 20	– 20
+ Desinvestitionen (Verkauf Anlagevermögen)	0	0	6
= **Finanzierungsüberschuss (+)**[3] **bzw. Finanzierungslücke (–)**	– 7	– 5	3
Geldfluss aus Finanzierungstätigkeit			
+ Aussenfinanzierung (Aufnahme langfristiges Kapital)	0	10	0
./. Definanzierung (Rückzahlung langfristiges Kapital)	– 2	– 2	– 2
= **Zu- oder Abnahme der flüssigen Mittel**	– 9	3	1

> Die **Plan-Geldflussrechnung** wird im Rahmen der operativen Planung zum wichtigen finanziellen Führungsinstrument, weil sie den Geschäfts-, den Investitions- und den Finanzierungsbereich in *einer* Rechnung zusammenfasst und sich deshalb hervorragend zur Abstimmung von gesteckten Zielen, geplanten Massnahmen und vorhandenen finanziellen Mitteln eignet.

[1] Bei der mittelfristigen Planung stehen die Jahre 1 bis 3 als Kolonnenüberschriften. Bei der Jahresplanung (Budgetierung) werden die Kolonnen je nach den Bedürfnissen der Liquiditätssteuerung mit Quartalen oder Monaten oder noch kürzeren Zeitabschnitten überschrieben.

[2] Die Gewinnausschüttung kann auch als Definanzierung ausgewiesen werden.

[3] Ein Überschuss des Cashflows über die Netto-Investitionen wird in der internationalen Wirtschaftspraxis auch **Free Cashflow** genannt.

5

Cashflow-Analyse

Der Cashflow ist die aus der Betriebstätigkeit erarbeitete Liquidität. Er stellt die wichtigste Finanzierungsquelle einer Unternehmung dar und ist deshalb eine unverzichtbare Grösse bei der Beurteilung der finanziellen Situation.

Der Cashflow als Teil der Geldflussrechnung vermittelt Informationen über die Fähigkeit der Unternehmung:

> ▷ Investitionen aus der Betriebstätigkeit (Geschäftstätigkeit) zu finanzieren (ohne Aufnahme von Fremd- oder Eigenkapital von aussen)
> ▷ Gewinne auszuschütten
> ▷ Schulden zurückzuzahlen[1]

Zusätzliche Informationen zur Finanzlage einer Unternehmung lassen sich durch die Bildung von **Cashflow-Kennzahlen** gewinnen.

Die gängigsten Cashflow-Kennzahlen werden im Beispiel auf der nächsten Seite vorgestellt.

---

[1] Um diese gewünschten Informationen sichtbar zu machen, werden die Geldflüsse in der Geldflussrechnung in die bekannten drei Bereiche gegliedert:
  ▷ Betriebstätigkeit (Geschäftstätigkeit)
  ▷ Investierungstätigkeit
  ▷ Finanzierungstätigkeit

Dieser Aufbau ermöglicht der Leserin und dem Leser, sich ein Urteil darüber zu bilden, ob die Unternehmung fähig ist, aus der Betriebstätigkeit genügend Geld (Cashflow) zu erarbeiten, um die Investitionen zu finanzieren, den Eigentümern eine angemessene Dividende zu zahlen und Schulden zu tilgen.

Cashflow-Analyse

Beispiel 1 — Cashflow-Kennzahlen

Grundlage für die Kennzahlen-Ermittlung bilden die drei Jahresrechnungen eines Handelsbetriebs:

Schlussbilanz

Aktiven	
Flüssige Mittel	3
Forderungen	11
Vorräte	16
Anlagevermögen	70
	100
Passiven	
Operatives Fremdkapital	12
Finanzielles Fremdkapital	38
Eigenkapital	50
	100

Erfolgsrechnung

Warenertrag (Umsatz)	200
./. Warenaufwand	– 110
./. Personalaufwand	– 40
./. Übriger Baraufwand	– 20
EBITDA[1]	**30**
./. Abschreibungen[2]	– 16
EBIT	**14**
./. Zinsaufwand	– 2
Gewinn vor Steuern	**12**
./. Steuern	– 4
Gewinn nach Steuern	**8**

Geldflussrechnung

Geldfluss aus Betriebstätigkeit		
Zahlungen von Kunden	193	
./. Zahlungen an Lieferanten	– 107	
./. Zahlungen ans Personal	– 40	
./. Zahlungen für Zinsen	– 2	
./. Zahlungen übriger Aufw.	– 20	
./. Zahlungen für Steuern	– 4	
Cashflow		**20**
Geldfluss aus Investitionstätigkeit		
./. Käufe Anlagevermögen	– 13	
+ Verkäufe Anlagevermögen	3	
Nettoinvestitionen	– 10	
Free Cashflow		**10**
Geldfluss aus Finanzierungstätigkeit		
+ Aufnahme Aktienkapital	5	
./. Rückzahlung Hypothek	– 2	
./. Gewinnausschüttung	– 9	– 6
Zunahme flüssige Mittel		**4**

Closing balance sheet

Assets	
Cash	3
Accounts receivable	11
Inventories	16
Fixed assets	70
	100
Liabilities and equity	
Operating liabilities	12
Financial liabilities	38
Equity	50
	100

Income statement

Sales (turnover)	200
./. Cost of goods sold	– 110
./. Personnel expenses	– 40
./. Other expenses	– 20
EBITDA[1]	**30**
./. Depreciation + amortization[2]	– 16
EBIT	**14**
./. Paid interest	– 2
Net income before tax	**12**
./. Tax	– 4
Net income	**8**

Cash flow statement

Cash flows from operating activities		
Cash collections from customers	193	
./. Cash payments to suppliers	– 107	
./. Cash payments to employees	– 40	
./. Cash payments for interest	– 2	
./. Other cash payments	– 20	
./. Cash payments for taxes	– 4	
(Operating) cash flow		**20**
Cash flows from investing activities		
./. Cash payments for purchase of fixed assets	– 13	
+ Proceeds from sale of fixed assets	3	
Net investments	– 10	
Free cash flow		**10**
Cash flows from financing activities		
+ Issue of share capital	5	
./. Repayments of mortgage	– 2	
./. Dividends paid	– 9	– 6
Increase in cash		**4**

[1]–[2] Fussnoten siehe nächste Seite.

Cashflow-Analyse

Je nach Problemstellung, Branche und wirtschaftlichem Umfeld lassen sich verschiedene Cashflow-Kennzahlen bilden. Die wichtigsten sind:

A	**Cashflow/Investitions-Verhältnis**	$\dfrac{\text{Cashflow}}{\text{Nettoinvestitionen}}$	$\dfrac{20}{10}$	**200%**
	Cash flow/investment ratio	$\dfrac{\text{Cash flow}}{\text{Net investments}}$		
B	**Verschuldungsfaktor**	$\dfrac{\text{Effektivverschuldung}[3]}{\text{Cashflow}}$	$\dfrac{36}{20}$	**1,8**
	Dept coverage factor	$\dfrac{\text{Liabilities ./. cash ./. accounts receivable}}{\text{Cash flow}}$		
C	**Zinsdeckungsfaktor**	$\dfrac{\text{Cashflow vor Zinsen}}{\text{Zinsen}}$	$\dfrac{22}{2}$	**11**
	Interest coverage factor	$\dfrac{\text{Cash flow + interest}}{\text{Interest}}$		
D	**Cashflow-Marge**	$\dfrac{\text{Cashflow}}{\text{Umsatz}}$	$\dfrac{20}{200}$	**10%**
	Cash flow margin (Cash flow to sales)	$\dfrac{\text{Cash flow}}{\text{Sales}}$		

Diese Kennzahlen werden auf den nächsten Seiten unter den entsprechenden Buchstaben kurz besprochen.

---

[1] EBITDA = Earnings before interest, tax, depreciation and amortization (Ergebnis vor Zinsen, Steuern und Abschreibungen).

[2] Unter Abschreibungen werden die Abschreibungen von Sachanlagen (= depreciation) und die Abschreibungen von immateriellem Anlagevermögen (= amortization) zusammengefasst. Die (in diesem Beispiel nicht vorkommenden) Abschreibungen von Finanzanlagen sind im Finanzergebnis auszuweisen.

[3] Die Effektivverschuldung am Jahresende wird wie folgt ermittelt:

Fremdkapital (kurz- und langfristig)	50
./. Flüssige Mittel	– 3
./. Kurzfristige Forderungen	– 11
= Effektivverschuldung	36

Cashflow-Analyse 5

A Cashflow/Investitions-Verhältnis

Das Cashflow/Investitions-Verhältnis gibt an, ob die Unternehmung genügend Cashflow erwirtschaftet, um damit die Investitionen bezahlen zu können.

Der Kennzahlenwert sollte deutlich über 100% sein: Eine Unternehmung muss mehr Cashflow erwirtschaften, als für die Investitionen benötigt wird, um darüber hinaus die Gewinnausschüttungen sowie allfällige Schuldenrückzahlungen zu finanzieren.

Ein Kennzahlenwert unter 100% bedeutet, dass die Unternehmung zur Finanzierung der Investitionen entweder verzinsliches Fremdkapital aufnehmen oder gewinnberechtigtes Eigenkapital beschaffen muss.

Als Differenz zwischen dem Cashflow und den Nettoinvestitionen ergibt sich der **Free Cashflow.** Er heisst so, weil dieses Geld nach Bezahlung der Nettoinvestitionen für Gewinnausschüttungen und Schuldentilgungen frei zur Verfügung steht. Eine Unternehmung hat grundsätzlich nur dann etwas Wert, wenn sie langfristig einen positiven Free Cashflow erwirtschaften kann.[1]

Beispiel 2 **Cashflow und Investitionen**

Die Grafik aus einem früheren Geschäftsbericht der Migros zeigt, wie das Wachstum des Konzerns hauptsächlich durch die Höhe des erarbeiteten Cashflows bestimmt wird. Da Migros keine Gewinne ausschüttet und keine Schulden tilgen muss, steht der gesamte Cashflow für Investitionen zur Verfügung.

	20_0	20_1	20_2	20_3	20_4	20_5	20_6	20_7	20_8	20_9
Investitionen	441	451	472	490	520	557	644	726	754	1008
Cashflow	418	457	495	535	590	572	635	682	767	843

[1] Die Discounted Cashflow-Methode zur Unternehmensbewertung wird erklärt bei Leimgruber/Prochinig: Investitionsrechnung, Kapitel 5 (Verlag SKV).

Cashflow-Analyse

B Verschuldungsfaktor

Der Verschuldungsfaktor gibt an, wievielmal (wie manches Jahr) der letzte Cashflow erarbeitet werden müsste, bis die Effektivverschuldung abbezahlt wäre.

Je tiefer der Verschuldungsfaktor ist, desto mehr Sicherheit besteht für die Gläubiger. Werte bis 5 gelten aus Sicht von Kreditgebern als sehr gut.

Die Aussagekraft des Verschuldungsfaktors als Sicherheitskennzahl ist vor allem in Vergleichen über einen Zeitraum gross, weil eine ungünstige finanzielle Entwicklung rasch und deutlich angezeigt wird: Bei wachsender Gefährdung der Unternehmung erhöht sich der Verschuldungsfaktor überproportional, da zugleich der Cashflow (der Nenner im Bruch) sinkt und die Effektivverschuldung (der Zähler im Bruch) steigt.

Der Verschuldungsfaktor ist in der Praxis sehr beliebt für die Bonitätsbeurteilung und die Kreditüberwachung, weil er sich vorzüglich zur Insolvenzprognose eignet (Insolvenz = Zahlungsunfähigkeit).

C Zinsdeckungsfaktor

Der Zinsdeckungsfaktor gibt an, wie gut die Fremdzinsen aus der Geschäftstätigkeit bezahlt werden können.

Während beim Verschuldungsfaktor die Höhe der Schulden im Vordergrund steht, liegt der Fokus beim Zinsdeckungsfaktor auf der durch die Verschuldung verursachten Zinsbelastung.

Der Zinsdeckungsfaktor wird in der Praxis häufig zur Bonitätsbeurteilung und zur Kreditüberwachung eingesetzt: Je höher der Zinsdeckungsfaktor ist, desto mehr Sicherheit besteht für den Kreditgeber. Werte über 5 gelten als sehr gut.

D Cashflow-Marge

Die Cashflow-Marge ist Teil der Umsatzanalyse. Sie gibt an, wie viel Prozent des Umsatzes unter dem Strich als Geldzufluss verbleibt.

Da die Umsatz- bzw. die Betriebstätigkeit die Ursache für den Cashflow darstellt, ist die Cashflow-Marge gleichsam die Mutter aller Cashflow-Kennzahlen: Bei zu kleiner Cashflow-Marge sind meist auch alle anderen Cashflow-bezogenen Kennzahlen ungenügend.

Die Höhe der Cashflow-Marge ist sehr stark branchenabhängig, sodass keine allgemein gültige Aussage über die «richtige» Höhe des Prozentsatzes gemacht werden kann.

Bei der Unternehmensanalyse muss nebst dem Branchenvergleich vor allem der Entwicklung des Kennzahlenwerts über einen Zeitraum gebührend Beachtung geschenkt werden.

Eine ausführliche Besprechung dieser und anderer Cashflow-Kennzahlen finden Sie bei **Leimgruber/Prochinig: Bilanz- und Erfolgsanalyse,** Kapitel 5 (Verlag SKV).

5

6

Mittelflussrechnung zum Fonds Nettoumlaufvermögen (NUV)

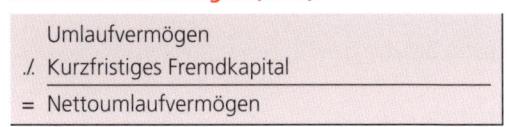

Die Liquidität lässt sich mithilfe verschiedener Grössen beurteilen:
▷ Die statische Liquiditätsanalyse basiert auf den Liquiditätsgraden 1 bis 3.
▷ Die dynamische Liquiditätsanalyse erfolgt mithilfe von Mittelflussrechnungen, denen unterschiedliche Fondstypen zugrunde liegen können.

In den bisherigen Kapiteln dieses Lehrbuchs wurden ausschliesslich Geldflussrechnungen besprochen, d.h., den Mittelflussrechnungen lagen immer die flüssigen Mittel oder die netto-flüssigen Mittel zugrunde. Dies deshalb, weil
▷ Geldflussrechnungen ein zwingender Teil der Jahresrechnung sind, sofern eine Unternehmung zu einer ordentlichen Revision verpflichtet ist (OR 961);
▷ von den in OR 962 genannten anerkannten Standards zur Rechnungslegung wie Swiss GAAP FER oder IFRS immer Geldflussrechnungen verlangt werden.

Kleinere und mittlere Unternehmungen, die nicht an die Vorschriften von OR 961 oder OR 962 gebunden sind, können ihre Jahresrechnung freiwillig um eine Mittelflussrechnung erweitern. Dabei sind sie in der Ausgestaltung frei. Und in der schweizerischen Wirtschaftspraxis sind immer wieder Beispiele von Mittelflussrechnungen anzutreffen, die auf dem Fondstypus Nettoumlaufvermögen basieren.

Das Nettoumlaufvermögen wird als Differenz zwischen dem Umlaufvermögen und dem kurzfristigen Fremdkapital berechnet:

Nettoumlaufvermögen (NUV)

	Umlaufvermögen
./.	Kurzfristiges Fremdkapital
=	Nettoumlaufvermögen

Auf den folgenden Seiten wird anhand eines Beispiels gezeigt, wie Mittelflussrechnungen zum Fonds NUV zu erstellen sind. Zum Vergleich wird im selben Beispiel auch die Geldflussrechnung errichtet. Anschliessend erfolgt eine kritische Beurteilung

Mittelflussrechnung zum Fonds (NUV) 6

Beispiel

Mittelflussrechnung zum NUV

Dem Jahresabschluss eines Handelsbetriebs können folgende Informationen entnommen werden:

Schlussbilanzen

Aktiven · Passiven

	20_1	20_2		20_1	20_2
Flüssige Mittel	20	17	Kreditoren	100	110
Debitoren	60	80	Hypotheken	78	96
Warenvorrat	50	90	Eigenkapital	102	124
Anlagevermögen	150	143			
	280	330		280	330

Erfolgsrechnung 20_2

Warenertrag	500
./. Warenaufwand	– 300
./. Personalaufwand (= Ausgaben)	– 80
./. Abschreibungen	– 40
./. Übriger Aufwand (= Ausgaben)	– 50
= Gewinn	30

Zusätzliche Angaben

▷ Alle Ein- und Verkäufe von Waren erfolgten auf Kredit.
▷ Es wurden Anlagevermögen zum Buchwert von 7 veräussert und neue Anlagen für 40 erworben.
▷ Die Gewinnausschüttung betrug 8.

Mittelflussrechnung zum Fonds (NUV) 6

Aufgrund der Angaben im Beispiel lässt sich die Mittelflussrechnung zum Fondstypus Nettoumlaufvermögen erstellen.

Zum Vergleich ist auf der rechten Seite die Mittelflussrechnung zum Fonds flüssige Mittel abgebildet, die auf denselben Zahlen basiert.

Mittelflussrechnung zum NUV 20_2		
Betriebstätigkeit (direkt)		
Warenertrag	500	
./. Warenaufwand	– 300	
./. Personalaufwand	– 80	
./. Übriger Aufwand	– 50	70
Investitionstätigkeit		
./. Kauf von Anlagevermögen	– 40	
+ Verkauf Anlagevermögen	7	– 33
Finanzierungstätigkeit		
+ Erhöhung Hypotheken	18	
./. Gewinnausschüttung	– 8	10
= Zunahme NUV		47

Geldflussrechnung 20_2		
Betriebstätigkeit (direkt)		
Zahlungen von Kunden (500–20)	480	
./. Zahlungen an Lieferanten (300+40–10)	– 330	
./. Zahlungen ans Personal	– 80	
./. Zahlungen für übrigen Aufwand	– 50	20
Investitionstätigkeit		
./. Kauf von Anlagevermögen	– 40	
+ Verkauf Anlagevermögen	7	– 33
Finanzierungstätigkeit		
+ Erhöhung Hypotheken	18	
./. Gewinnausschüttung	– 8	10
= Abnahme flüssige Mittel		– 3

Der Betriebsbereich kann alternativ auch nach der indirekten Methode dargestellt werden:

Betriebstätigkeit (indirekt)		
Gewinn	30	
+ Abschreibungen	40	70

Betriebstätigkeit (indirekt)		
Gewinn	30	
+ Abschreibungen	40	
./. Zunahme Debitoren	– 20	
./. Zunahme Warenvorrat	– 40	
+ Zunahme Kreditoren	10	20

Die Fondszunahmen aus Betriebstätigkeit werden im deutschen Sprachraum auch als **Cashflow** bezeichnet. Diese Wortwahl stimmt bei der Geldflussrechnung; hingegen fliesst bei der Mittelflussrechnung zum NUV nicht Geld, sondern eben Nettoumlaufvermögen. Deshalb sollte der Begriff Cashflow im Zusammenhang mit NUV-Rechnungen vermieden werden.

Mittelflussrechnung zum Fonds (NUV) 6

Die Fondsveränderungen gemäss Beispiel lassen sich zur Kontrolle über die Bilanzkonten wie folgt nachweisen (AB = Anfangsbestand, SB = Schlussbestand):

Veränderungen Fonds NUV

	AB	SB	+/−
Flüssige Mittel	20	17	− 3
+ Debitoren	60	80	+ 20
+ Warenvorrat	50	90	+ 40
./. Kreditoren	− 100	− 110	− 10
= Nettoumlaufvermögen	30	77	+ 47

Veränderung Fonds flüssige Mittel

	AB	SB	+/−
Flüssige Mittel	20	17	− 3

Beim Vergleich der beiden Rechnungen fällt auf, dass die Zunahme des NUV aus Betriebstätigkeit 70 beträgt, während der Geldfluss aus Betriebstätigkeit nur 20 beträgt. Welche Information ist für die Adressaten relevanter?

Die **Vorratszunahme** von 40 wird im Fonds NUV als Zunahme und damit als Liquiditätsverbesserung erfasst, was aus folgenden Gründen problematisch ist:

▷ Grundsätzlich ist eine Lagererhöhung zunächst einmal eine Liquiditätsverschlechterung, da die eingekauften Waren bezahlt werden mussten.

▷ Eine Vorratszunahme ist sehr oft ein warnender Hinweis auf schleppenden Geschäftsgang, ungünstige Einkaufspolitik, Absatzstockungen oder sinkenden Lagerumschlag.

▷ Sofern die Lagerzunahme auf die Ausdehnung der Geschäftstätigkeit zurückzuführen ist, hat sie eher den Charakter einer Investition, was aber ebenfalls eine Liquiditätsverschlechterung darstellt.

▷ Das heutige Leben hat das Zeitalter der Tauschwirtschaft überwunden, und deshalb sind Waren grundsätzlich kein Zahlungsmittel. Eine Betreibung kann üblicherweise nur durch die Bezahlung von Geld abgewendet werden; ein hohes Nettoumlaufvermögen ist unbehelflich.

Die **Debitorenzunahme** von 20 wird bei der Mittelflussrechnung zum NUV als Liquiditätsverbesserung ausgewiesen, was wiederum fraglich ist:

▷ Die Debitorenzunahme kann auf zögerliches Zahlungsverhalten von Kunden hinweisen, was einer Verschlechterung der Liquiditätssituation gleichkommt. Zahlungsprobleme von grossen Kunden führen in der Praxis oft auch zu Liquiditätsengpässen beim Gläubiger.

▷ Sofern die Debitorenzunahme auf einer Umsatzsteigerung beruht, trägt sie wie die Lagerzunahme eher den Charakter einer Investition.

Mittelflussrechnung zum Fonds (NUV) 6

Verschiedene Untersuchungen ergaben, dass bei einer Verschlechterung der Geschäftslage der Fonds NUV weniger rasch reagiert als der Fonds flüssige Mittel, weshalb Letzterer den besseren **Frühindikator** für spätere Insolvenzen darstellt.

Dieser Sachverhalt kann durch folgende Grafik veranschaulicht werden. Dargestellt werden wichtige Grössen eines amerikanischen Industriebetriebs während der letzten zehn Jahre vor dem Konkurs.[1]

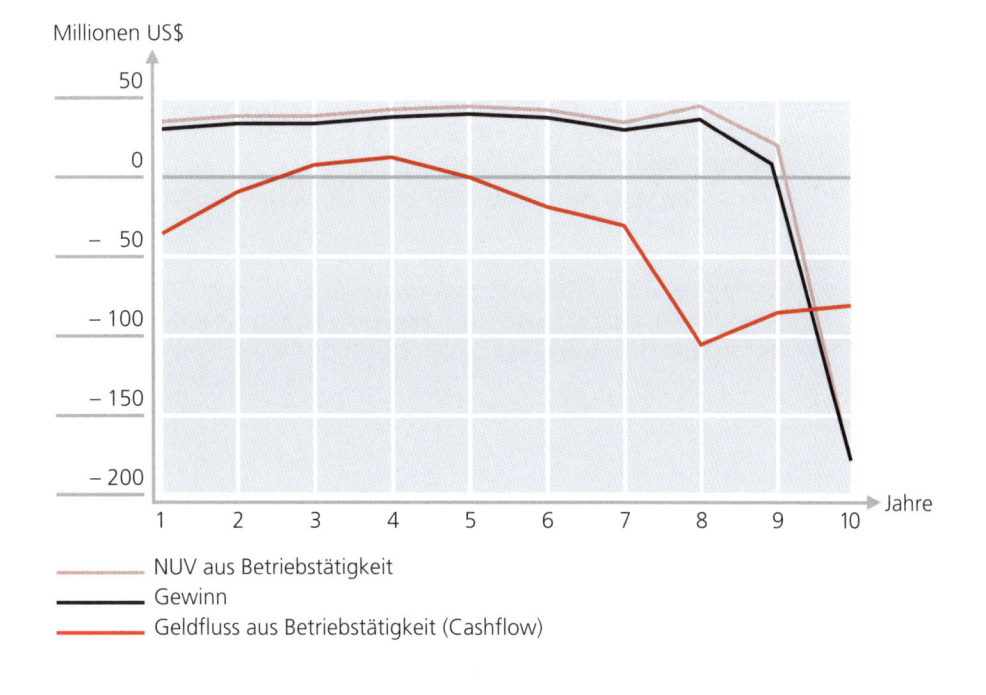

Millionen US$

—— NUV aus Betriebstätigkeit
—— Gewinn
—— Geldfluss aus Betriebstätigkeit (Cashflow)

[1] Die Zahlen stammen aus einem Diskussionspapier des US-amerikanischen FASB (Financial accounting standards board).

Zusammenfassung

Mittelflussrechnungen sollten Aufschluss geben über
▷ die Liquiditätsentwicklung
▷ die Investierungsvorgänge
▷ die Finanzierungsmassnahmen
innerhalb vergangener oder künftiger Geschäftsperioden.

Geldflussrechnungen erfüllen diesen dreifachen Informationszweck besser:

▷ Zwar bestehen bei der Darstellung der Investierungsvorgänge und der Finanzierungsmassnahmen praktisch keine Unterschiede zwischen dem Fonds NUV und dem Fonds flüssige Mittel.
▷ Hingegen stellt der Fonds NUV keine sinnvolle, kürzerfristig relevante Liquiditäts-Messgrösse dar.

Abschliessend sei erwähnt, dass es zur Analyse einer Unternehmung grundsätzlich kein starres Schema geben kann, das allen praktischen Anwendungen gerecht wird. Wichtig ist das Studium der *hinter* den Zahlen stehenden wirklichen Geschäftsvorgänge.

Aufgaben

Geldflussrechnung: Grundlagen

2.01[1]

Die Bilanz ist die älteste Jahresrechnung. In ihr werden die Aktiven und Passiven einander wie zwei Waagschalen (ital. bilancia = Waage) gegenübergestellt.

Im Rahmen der finanziellen Unternehmensführung kann die Bilanz schematisch wie folgt gegliedert werden:

Bilanz

Aktiven	Passiven
Flüssige Mittel	Operatives Fremdkapital
Forderungen	
Vorräte	Finanzielles Fremdkapital
Anlagevermögen	Eigenkapital

a) Woraus setzen sich die flüssigen Mittel zusammen?

b) Welche Konten gehören zum operativen bzw. zum finanziellen Fremdkapital?
   Nach welchen Gesichtspunkten erfolgt die Gliederung des Fremdkapitals im obigen Schema?

c) Warum wird das Eigenkapital auch Reinvermögen (oder Nettovermögen) genannt?

d) Wie verändert sich das Eigenkapital durch Aufwand und Ertrag?

e) Was sind Einnahmen und Ausgaben?

---

[1] Zu Kapitel 1 gibt es keine Aufgaben.

Geldflussrechnung: Grundlagen — Aufgabe 01

f) Nennen sie für die folgenden Geschäftsfälle die Buchungssätze, und kreuzen Sie an, ob es sich um Einnahmen, Ausgaben, Aufwände oder Erträge handelt.

Nr.	Geschäftsfall	Buchungssatz	Einnahme	Ausgabe	Aufwand	Ertrag
1	Barkauf einer Maschine (= **Investition**)	~~Kasse / Ma~~ Maschinen / Kasse		X	X	
2	Erhöhung des Aktienkapitals durch Barliberierung (= **Aussenfinanzierung**)	Kasse / AK	X			
3	Rückzahlung einer Hypothek (= **Definanzierung**)	Hypo / Flüm.		X		
4	Barverkauf eines gebrauchten Fahrzeugs zum Buchwert (= **Devestition**)	Kasse / Fz	X			
5	Warenverkauf gegen bar	Kasse / Waren E	X			X
6	Warenverkauf gegen Rechnung	FlL / Waren E				X
7	Bankbelastung für Mietzinse	~~Zins A~~ Raum A / Bank			X	
8	Abschreibung einer Maschine	Absch. / Maschinen			X	
9	Bankbelastung für Lohnzahlungen	~~Lohn~~ / Bank Personal A		X	X	

Geldflussrechnung: Grundlagen — 2

2.02

M. Jutzeler betreibt eine **Fahrschule** in der Form einer Einzelunternehmung. Als Ergebnis der Betriebstätigkeit liegt folgende Erfolgsrechnung vor:

Erfolgsrechnung 20_1

Aufwand		Ertrag	
Personalaufwand	42 000	Autofahrstunden	75 000
Benzinverbrauch	9 000		
Unterhalt und Reparaturen	2 000		
Fahrzeugsteuern und -versicherungen	4 000		
Abschreibung Fahrzeug	10 000		
Gewinn	**8 000**		
	75 000		75 000

a) Welche Bilanzposition hat sich in dieser Periode aufgrund der Betriebstätigkeit um Fr. 8 000.– erhöht?

Eigenkapital

b) Um wie viel erhöhte sich in dieser Periode der Geldbestand (die flüssigen Mittel) durch die Betriebstätigkeit, d. h., wie gross ist der Cashflow?

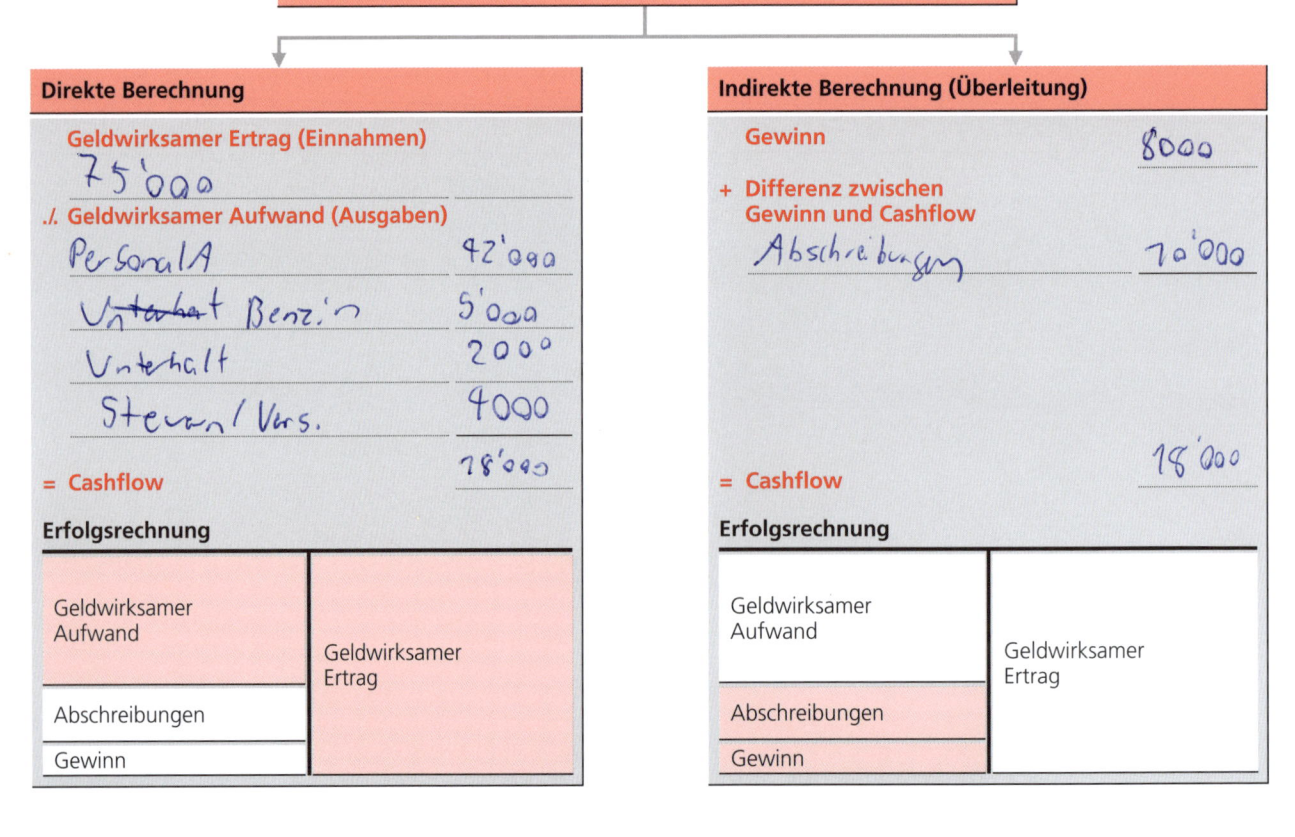

Cashflow-Berechnung

Direkte Berechnung

Geldwirksamer Ertrag (Einnahmen)
75'000

./. Geldwirksamer Aufwand (Ausgaben)
Personal A   42'000
Benzin   5'000
Unterhalt   2000
Steuern/Vers. 4000
                78'000

= **Cashflow**

Indirekte Berechnung (Überleitung)

Gewinn   *8000*

+ Differenz zwischen Gewinn und Cashflow
Abschreibungen   10'000

= **Cashflow**   *18'000*

c) Warum wird die indirekte Cashflow-Berechnung auch Überleitung genannt?

Geldflussrechnung: Grundlagen 2

2.03

Am 1. Januar 20_1 verfügte das **Putzinstitut** Blitzblank GmbH über einen Kassenbestand von Fr. 3 000.– sowie ein Bankguthaben von Fr. 17 000.–. Die Betriebstätigkeit für das Jahr 20_1 wurde in der Erfolgsrechnung festgehalten:

Erfolgsrechnung 20_1

Aufwand		Ertrag	
Personalaufwand	50 000	Ertrag aus Reinigung (bar)	80 000
Abschreibungen Putzmaschinen und Fahrzeug	10 000		
Übriger Baraufwand	14 000		
Gewinn	**6 000**		
	80 000		80 000

a) Berechnen Sie den Cashflow für 20_1 auf direkte und indirekte Weise.

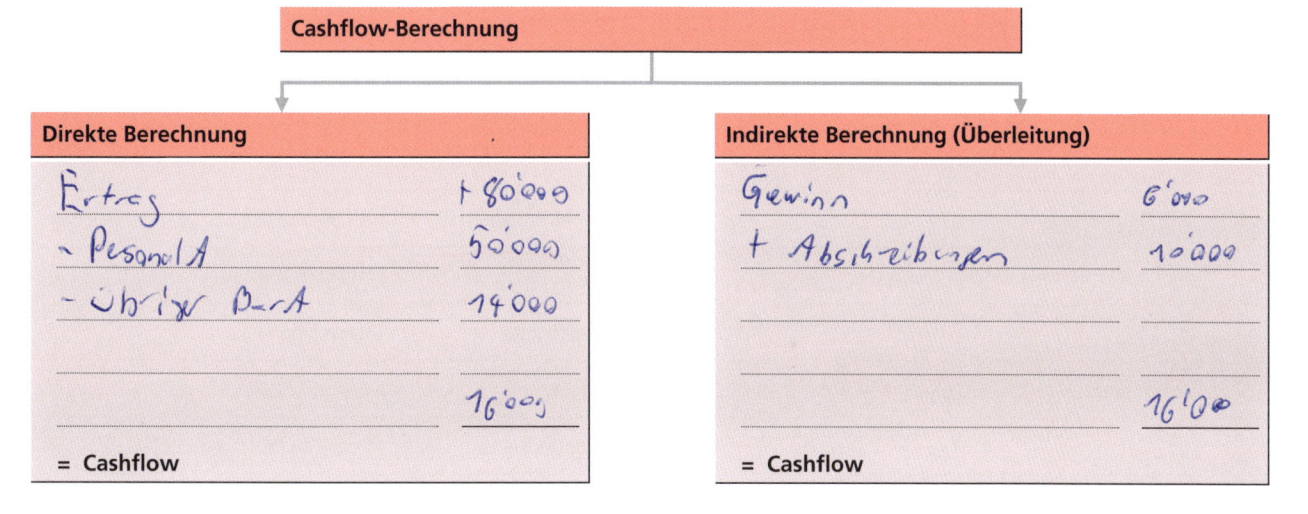

Cashflow-Berechnung

Direkte Berechnung

Ertrag	+ 80'000
− Personal A	50'000
− übriger BarA	14'000
	16'000
= Cashflow	

Indirekte Berechnung (Überleitung)

Gewinn	6'000
+ Abschreibungen	10'000
	16'000
= Cashflow	

b) Anfang 20_2 möchte die GmbH ein neues Geschäftsauto für Fr. 32 000.– gegen Barzahlung kaufen. Reichen die flüssigen Mittel, sofern das alte Auto noch zum Buchwert von Fr. 4 000.– an Zahlung gegeben werden kann? (Die Antwort ist rechnerisch zu belegen.)

2.04

Als Ausgangslage sind die Eröffnungsbilanz sowie die summarisch zusammengefassten Geschäftsfälle einer **Privatschule** bekannt (alles Kurzzahlen).

Eröffnungsbilanz 1.1.20_1

Aktiven		Passiven	
Flüssige Mittel	20	Darlehen	70
Sachanlagen	200	Aktienkapital	100
		Gewinnreserven	50
	220		220

Geschäftsfälle 20_1

Nr.	Geschäftsfall	Buchung		Betrag
1	Einzahlungen der Schulgelder aufs Bankkonto	Flüssige Mittel	Schulgeldertrag	300
2	Personalaufwand	Personalaufwand	Flüssige Mittel	150
3	Übriger Baraufwand (u.a. Mietzinse, Energieverbrauch, Kapitalzinsen, Versicherungsprämien, Schulmaterialverbrauch)	Übriger Aufwand	Flüssige Mittel	110
4	Abschreibung Einrichtungen	Abschreibungen	Sachanlagen	30
5	Barkauf von Sachanlagen	Sachanlagen	Flüssige Mittel	60
6	Barverkauf von nicht mehr benötigten Sachanlagen zum Buchwert	Flüssige Mittel	Sachanlagen	5
7	Teilrückzahlung Darlehen (Bankzahlung)	Darlehen	Flüssige Mittel	20
8	Aktienkapitalerhöhung zum Nominalwert durch Barliberierung	Flüssige Mittel	Aktienkapital	50
9	Es werden keine Dividenden ausgeschüttet.	Keine Buchung		

Lösen Sie die Aufgaben auf den nächsten vier Seiten.

Geldflussrechnung: Grundlagen — Aufgabe 04

a) Erstellen Sie die Erfolgsrechnung.

Erfolgsrechnung 20_1

Aufwand		Ertrag	
Personal A	150	Schulgeld E	300
übrige A	110		
Abschreibungen	30		
Gewinn	10		

b) Ermitteln Sie den Cashflow nach der direkten und der indirekten Methode.

Cashflow-Berechnung

Direkte Berechnung

Einnahmen von Schulgelderträgen	300
./. Ausgaben für Personalaufwand	150
./. Ausgaben für übrigen Aufwand	110
= Cashflow	40

Indirekte Berechnung (Überleitung)

Gewinn	10
Differenz zwischen Gewinn und Cashflow	+30 Abschreibungen 40
= Cashflow	

Erfolgsrechnung

Aufwand	Ertrag
Geldwirksamer Aufwand (Ausgaben)	Geldwirksamer Ertrag (Einnahmen)
Abschreibungen	
Gewinn	

Erfolgsrechnung

Aufwand	Ertrag
Geldwirksamer Aufwand (Ausgaben)	Geldwirksamer Ertrag (Einnahmen)
Abschreibungen	
Gewinn	

Geldflussrechnung: Grundlagen — **2** Aufgabe 04

c) Erstellen Sie die Geldflussrechnung in Kontoform. Der Cashflow ist indirekt auszuweisen.

Geldflussrechnung 20_1

Einnahmen		Ausgaben	
Cashflow (Innenfinanzierung)		**Investierung**	
Aussenfinanzierung		**Definanzierung**	
Desinvestierung			

d) Wie lautet die Schlussbilanz?

Schlussbilanz 31. 12. 20_1

Aktiven		Passiven	
Flüssige Mittel		Darlehen	
Sachanlagen		Aktienkapital	
		Gewinnreserven	

e) Erstellen Sie die Geldflussrechnung in Berichtsform. Der Cashflow ist indirekt auszuweisen.

Geldflussrechnung (in Berichtsform)

Geldfluss aus Betriebstätigkeit (Cashflow)

\+ _____

Geldfluss aus Investitionstätigkeit

./. _____

\+ _____

Geldfluss aus Finanzierungstätigkeit

\+ _____

./. _____

= **Zunahme flüssige Mittel**

Geldflussrechnung: Grundlagen — Aufgabe 04

f) Vervollständigen Sie den schematischen Überblick über die drei Gesamtrechnungen der Finanzbuchhaltung. Die grafischen Darstellungen sind nicht massstabsgetreu.

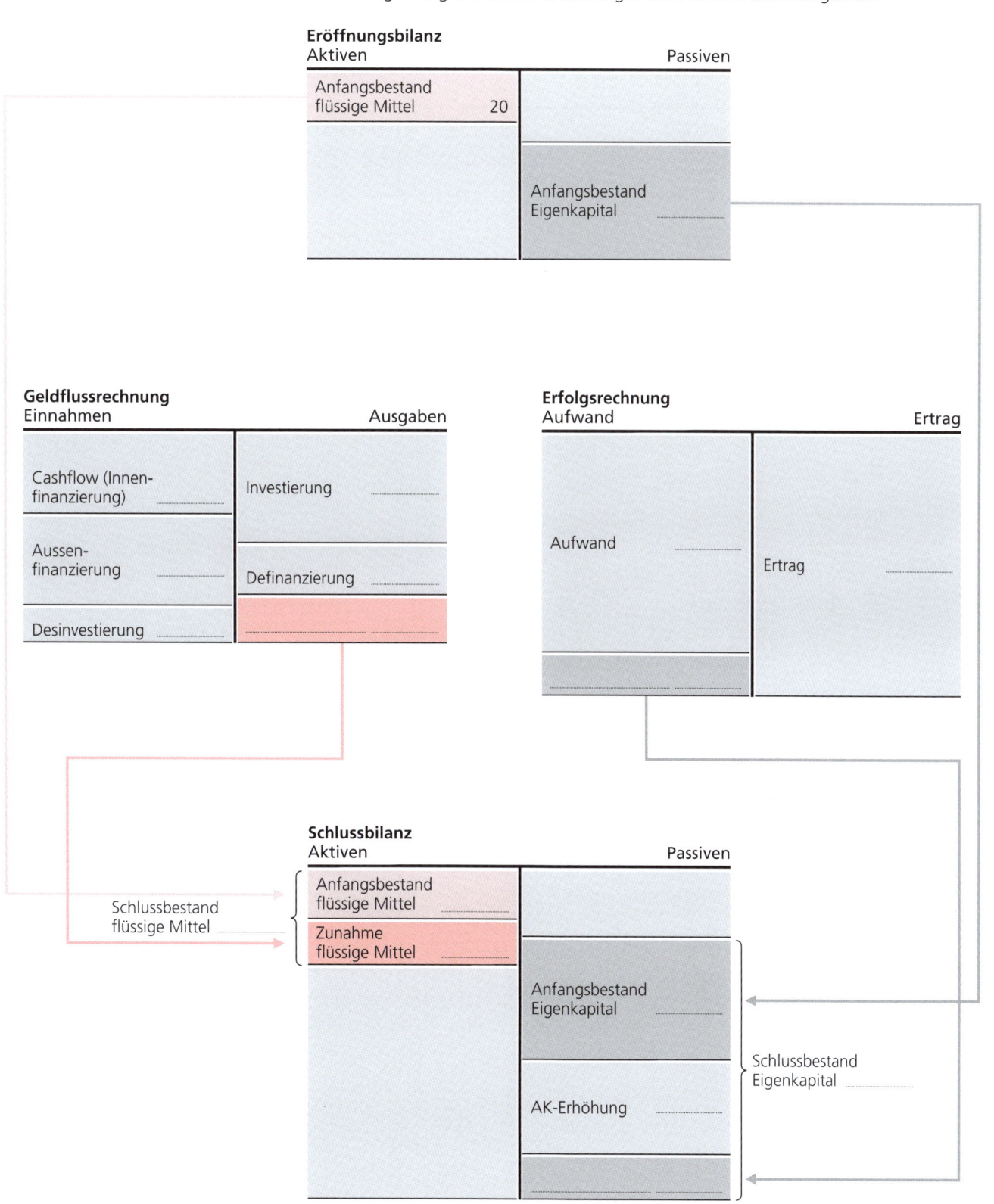

Eröffnungsbilanz

Aktiven	Passiven
Anfangsbestand flüssige Mittel 20	
	Anfangsbestand Eigenkapital

Geldflussrechnung

Einnahmen	Ausgaben
Cashflow (Innenfinanzierung)	Investierung
Aussenfinanzierung	Definanzierung
Desinvestierung	

Erfolgsrechnung

Aufwand	Ertrag
Aufwand	Ertrag

Schlussbilanz

Aktiven	Passiven
Anfangsbestand flüssige Mittel	
Zunahme flüssige Mittel	Anfangsbestand Eigenkapital
	AK-Erhöhung

Schlussbestand flüssige Mittel

Schlussbestand Eigenkapital

2.05

Vervollständigen Sie die Jahresrechnungen der **Gartenbau** M. Schwaiger mit Texten und Zahlen.

Eröffnungsbilanz

Aktiven		Passiven	
Flüssige Mittel	18	Bankdarlehen	28
Sachanlagen	100	Eigenkapital	90
	118		118

Geldflussrechnung

Ertrag		200
− Personal A		−110
− übr. A		−65
Cashflow	+25	25

Geldfluss aus Investitions..		
./ Kauf Werkzeuge		−7
./ Kauf Fahrzeug		−30
+ Verkauf Fahrzeug zum Buchwert	9	−28

Geldfluss aus Finanzierungstätigkeit		
Rückzahlung Darlehen		−8
=		−11

Erfolgsrechnung

Ertrag Gartenarbeiten (bar)	200
./ Personalaufwand (bar)	−110
− Abschreibungen	−10
./ Übriger Aufwand (bar)	−65
= Gewinn	**15**

Cashflow indirekt

Gewinn	15
+ Abschreibungen	10
	25

Schlussbilanz

Aktiven		Passiven	
Flüssige Mittel	7	Bankdarlehen	20
Sachanlagen	128	Eigenkapital Gewinn	105
	135		135

2.06

Vom **Taxiunternehmen** R. Schmidt sind die Eröffnungsbilanz sowie die summarisch zusammengefassten Geschäftsfälle bekannt.

Eröffnungsbilanz 1. 1. 20_1

Aktiven		Passiven	
Flüssige Mittel	20	Darlehen	70
Fahrzeuge	130	Eigenkapital	80
	150		150

Geschäftsfälle 20_1

Nr.	Geschäftsfall	Betrag
1	Bareinnahmen aus Taxifahrten	280
2	Bankzahlungen für Personalaufwand	200
3	Übriger Baraufwand	25
4	Abschreibungen Fahrzeuge	35
5	Barkauf eines neuen Fahrzeugs	50
6	Barverkauf eines gebrauchten Fahrzeugs zum Buchwert	7
7	Rückzahlung Darlehen durch Bankzahlung	10
8	Gewinnausschüttung an Geschäftsinhaber (private Bargeldbezüge)	16
9	Übertrag des Gewinnes aufs Eigenkapital	?

a) Welche Rechtsform hat dieser Taxibetrieb?

b) Nennen Sie fünf Beispiele für übrigen Baraufwand.

c) Erstellen Sie folgende Rechnungen (es besteht keine Lösungshilfe):
   ▷ Erfolgsrechnung
   ▷ Geldflussrechnung mit direktem Cashflow-Ausweis
   ▷ Indirekter Cashflow-Nachweis
   ▷ Schlussbilanz

d) Wie beurteilen Sie die finanzielle Situation dieser Unternehmung?

2.07

Die **Transport AG** befördert Güter des täglichen Gebrauchs im Auftrag von Kunden. Es liegen diese Informationen vor:

Schlussbilanzen

	20_6	20_7		20_6	20_7
Flüssige Mittel	12	15	Verbindlichkeiten L+L (Kreditoren)	6	10
Forderungen L+L (Debitoren)	40	45	Bankdarlehen	80	90
Mobile Sachanlagen	200	230	Aktienkapital	110	130
			Gesetzliche Gewinnreserve	36	41
			Freiwillige Gewinnreserven	20	19
	252	290		252	290

Erfolgsrechnung 20_7

Transportertrag	300
./. Personalaufwand	− 90
./. Treibstoffaufwand	− 70
./. Abschreibungen	− 50
./. Übriger Aufwand	− 72
= Gewinn	18

Die Kreditoren bestehen aus unbezahlten Treibstoffrechnungen. Der Personalaufwand und der übrige Aufwand wurden durch Bankzahlung beglichen.

In der Berichtsperiode wurde ein gebrauchtes Fahrzeug zum Buchwert von 20 bar verkauft. Die Aktienkapitalerhöhung sowie der Kauf eines neuen Fahrzeugs erfolgten gegen Bankzahlung.

a) Führen Sie diese ausgewählten Konten mit Texten und Beträgen.

Forderungen L+L (Debitoren)

AB	40	Kundenzahlungen	295
Transpkdg Rechnungen	300	SB	45

Verbindlichkeiten L+L (Kreditoren)

AB	6	Rechnung TS	70
Rechn. TS Zahlungen	66	SB	10

Mobile Sachanlagen

AB	200	Verk. Auto	20
Kauf Auto	100	Absch.	50
		SB	230

Freiwillige Gewinnreserven

Ausschüttung	2019	AB	20
Gesetzl. Reserven	5	Gewinn	18
	19		19

Geldflussrechnung: Grundlagen — Aufgabe 07

b) Erstellen Sie die Geldflussrechnung mit direktem Ausweis des Geldflusses aus Geschäftstätigkeit (Cashflow). Ermitteln Sie den Cashflow in einer separaten Rechnung indirekt.

Geldflussrechnung 20_7

Geldfluss aus Geschäftstätigkeit		
Transport E	255	
− Personal A	− 50	
− Treibstoff	− 66	
− üb. üb. A	− 72	68

Geldfluss aus Investitionstätigkeit		
Kauf Fz	− 100	
Verkauf	+ 20	− 80

Geldfluss aus Finanzierungstätigkeit		
Gewinnausschüttung	− 14	
Darlehen	+ 10	
AK Erhöhung	+ 20	16

= **3**

Geldfluss aus Geschäftstätigkeit 20_7 (indirekt)

Gewinn	18
+ Abschr.	50
− FLL	5
+ VLL	4
Cashflow	67

2.08

Die **Treuhand GmbH** führt Buchhaltungen für andere Unternehmungen, macht Steuerberatungen und betreut Revisionsmandate.

Die Eröffnungsbilanz sowie die summarisch zusammengefassten Geschäftsfälle lauten:

Eröffnungsbilanz 1. 1. 20_1

Aktiven			Passiven		
Umlaufvermögen			**Fremdkapital**		
Bank	17		Kreditoren[1]	1	
Debitoren	15	32	Darlehen	21	22
Anlagevermögen			**Eigenkapital**		
Büroeinrichtung		40	Stammkapital	20	
			Gesetzliche Gewinnreserve	6	
			Freiwillige Gewinnreserven	24	50
		72			72

Geschäftsfälle 20_1

Nr.	Geschäftsfall	Betrag
1	Honorarertrag (den Kunden verschickte Rechnungen)	140
2	Zahlungen von Kunden	120
3	Zahlungen für Personalaufwand	65
4	Mietaufwand (Zahlungen für Büromiete)	30
5	Diverser Aufwand (u. a. Darlehenszinsen, Energieverbrauch, Versicherungsprämien, Büromaterialverbrauch)	21
6	Zahlungen für diversen Aufwand	20
7	Abschreibung Büroeinrichtung	13
8	Barkäufe von Büromobiliar und EDV-Anlagen	11
9	Rückzahlung Darlehen durch Bankzahlung	4
10	Zuweisung an gesetzliche Gewinnreserve	2
11	Gewinnausschüttung durch Bankzahlung	5

a) Erstellen Sie auf der nächsten Seite die verlangten Abschlussrechnungen.

b) Ist die Eigenkapitalrendite (Gewinn im Verhältnis zum durchschnittlichen Eigenkapital) ausreichend?

c) Beurteilen Sie die Liquiditätsentwicklung für 20_1 und 20_2 (unter der Annahme, dass die Zahlen des nächsten Jahres ähnlich sein werden wie im vergangenen Jahr).

[1] Die Kreditoren stellen noch nicht bezahlte Rechnungen für Büromaterial dar.

Geldflussrechnung: Grundlagen — Aufgabe 08

Geldflussrechnung 20_1

Erfolg ——— 12
Ertrag   120

Erfolgsrechnung 20_1

HonorarE	190
- diverse Aufwand	-21
- MietA	-30
- PersonalA	-65
- Absch-	-13
Gewinn	11

Cashflow indirekt (Überleitung)

Gewinn	11
Differenzen zwischen Gewinn und Cashflow	
+ Absch-	+13
- Zunahme FU	-20
+ Zunahme VU	+1
Cashflow	5

Schlussbilanz 31. 12. 20_1

Aktiven

Umlaufvermögen
- Bank 2
- Debitoren 35 37

Anlagevermögen
- Büroeinrichtung 38

Passiven

Fremdkapital
- Kreditoren① 2
- Darlehen 17 19

Eigenkapital
- Stammkapital 20
- Gesetzliche Gewinnreserve 8
- Freiwillige Gewinnreserven 28 56

Geldflussrechnung: Grundlagen

2.09

Die Jahresrechnung der **Swimming Pool AG**, Handel mit Zubehör und Pflegemitteln für Schwimmbäder, präsentiert sich wie folgt:

Schlussbilanzen

	20_1	20_2		20_1	20_2
Flüssige Mittel	10	4	Verbindlichkeiten L+L	20	25
Forderungen L+L	40	48	Bankdarlehen	43	39
Warenvorrat	17	20	Aktienkapital	60	70
Sachanlagen	80	95	Gesetzl. Kapitalreserve	0	5
			Gesetzl. Gewinnreserve	13	16
			Freiw. Gewinnreserven	11	12
	147	167		147	167

Erfolgsrechnung 20_2

Warenertrag	400
./. Warenaufwand	– 250
./. Abschreibungen	– 20
./. Diverser Baraufwand	– 120
= Gewinn	**10**

Es liegen diese Zusatzinformationen zur Berichtsperiode vor:

▷ Die Forderungen und Verbindlichkeiten aus Lieferungen und Leistungen entstanden aus Warenverkäufen und Wareneinkäufen.
▷ Barverkauf von Sachanlagen zum Buchwert von 5.
▷ Barkauf eines neuen Fahrzeugs für ? 40
▷ Bardividende ? 6

a) Führen Sie diese ausgewählten Konten mit Texten und Beträgen.

Waren A und Veränderung Waren Lager

Forderungen aus Lieferungen und Leistungen

AB	40	Kundenzahlungen	352
Kundenrechn.	400	SB	48

Verbindlichkeiten aus Lieferungen und Leistungen

Zahlung	248	AB	20
SB	25	Liefer. Rech	253

Warenvorrat

AB	17	WaA	250
Waren E	253	SB	20

Sachanlagen

AB	80	Barverkauf	5
Kauf Fz	40	Abschr	20
		SB	95

Freiwillige Gewinnreserven

Gesetzl. Reserv.	3	AB	11
Dividende	6	Gewinn	10
SB	12		

Geldflussrechnung: Grundlagen — Aufgabe 09

b) Erstellen Sie die Geldflussrechnung für das Jahr 20_2 mit direktem Ausweis des Geldflusses aus Geschäftstätigkeit (Cashflow). Ermitteln Sie den Cashflow in einer separaten Rechnung indirekt.

Geldflussrechnung 20_2

Geldfluss aus Betriebstätigkeit
- + Waren E   352
- − Waren A   −248
- Div. Bar A   −120   29

Geldfluss aus Investitions-Tätigkeit
- + Verkauf Sachanlagen   +5
- − Kauf FZ   −40   −35

Geldfluss aus Finanzierungstätigkeit
- + Erhöhung AK   +10
- − Rückzahlung Darl.   −9
- − Dividende   −6
- + Agio aus Erhöhung AK   +5   5

= −6

Cashflow indirekt 20_2

- Gewinn   10
- + Abschreibungen   20
- − Zunahme FU   −8
- + Zunahme VU   5
- − Zunahme Vorräte   −3
- =   29

2.10

Von der **Handel AG** sind die Eröffnungsbilanz sowie die summarisch zusammengefassten Geschäftsfälle des Geschäftsjahres bekannt.

Eröffnungsbilanz 1. 1. 20_1

Aktiven			Passiven		
Umlaufvermögen			**Fremdkapital**		
Flüssige Mittel	70		Kreditoren	180	
Debitoren	150		Hypotheken	300	480
Warenvorrat	160	380			
Anlagevermögen			**Eigenkapital**		
Einrichtungen	62		Aktienkapital	200	
Fahrzeuge	48		Gesetzliche Gewinnreserve	45	
Immobilien	400	510	Freiwillige Gewinnreserven	165	410
		890			890

Geschäftsfälle 20_1

Nr.	Text	Betrag
1	Warenverkäufe auf Kredit (zu Verkaufspreisen)	1 200
2	Bankzahlungen von Kunden	1 160
3	Warenaufwand (Verkäufe zu Einstandspreisen)	830
4	Wareneinkäufe auf Kredit	800
5	Bankzahlungen an Lieferanten	780
6	Personalaufwand (= Ausgaben)	250
7	Übriger Baraufwand	70
8	Abschreibungen Einrichtungen	12
9	Abschreibungen Fahrzeuge	8
10	Abschreibung Liegenschaft	0
11	Barkauf von Einrichtungen	42
12	Barkauf eines Fahrzeugs	38
13	Barverkauf eines Fahrzeugs zum Buchwert	5
14	Dividendenauszahlung	34
15	Bildung gesetzliche Gewinnreserve	4
16	Rückzahlung Hypothek	60
17	Aktienkapitalerhöhung zum Nominalwert	100
18	Übertrag des Gewinns auf den Gewinnvortrag	?

Erstellen Sie folgende Abschlussrechnungen:

▷ Erfolgsrechnung 20_1

▷ Geldflussrechnung 20_1 (mit direkter Cashflow-Berechnung; zusätzlich als separate Rechnung der indirekte Cashflow-Nachweis)

▷ Schlussbilanz 31. 12. 20_1

Geldflussrechnung: Grundlagen — Aufgabe 10

Geldflussrechnung 20_1

```
GF aus Betriebstätigkeit
+ Ertrag                    + 1160
- Aufwand                   -  760
- Personal A                -  250
- übrige BetrA              -   70      60

GF aus Investitionstätigkeit
- Darkauf Einr.             -   92
+ Barverkauf                +    5
- Darkauf Fz                -   38     -75

GF aus Finanzierungstätigkeit
- Dividendenauszahlung      -   34
- Rückzahlung Hypo          -   60
+ AK Erhöhung               + 100       +6
                                        -9
```

Erfolgsrechnung 20_1

```
Warenverkäufe               1'200
Waren A                    -  830
Personal A                 -  250
übrige Be-A                -   70
Abschr.                    -   20
Gewinn                         30
```

Cashflow (indirekt)

Gewinn	30
Differenzen zwischen Gewinn und Cashflow	
+ Abschreibungen	+20
- Zunahme FLL	-40
+ Zunahme VLL	+20
+ Abnahme Vorräte	+30
Cashflow	+60

Schlussbilanz 31. 12. 20_1

Aktiven / **Passiven**

Umlaufvermögen
- Flüssige Mittel   61
- Debitoren   150
- Warenvorrat   130   381

Anlagevermögen
- Einrichtungen   92
- Fahrzeuge   73
- Immobilien   900   565

Fremdkapital
- Kreditoren   200
- Hypotheken   240   440

Eigenkapital
- Aktienkapital   300
- Gesetzliche Gewinnreserve   49
- Freiwillige Gewinnreserven 157   506

2.11

Die **Mercato AG** handelt mit elektrischen Geräten aller Art.

a) Erstellen Sie aufgrund der Eröffnungsbilanz sowie der summarisch zusammengefassten Geschäftsfälle
  ▷ die Erfolgsrechnung
  ▷ die Geldflussrechnung (Cashflow in der Geldflussrechnung direkt und in einer separaten Rechnung indirekt ausweisen)
  ▷ die Schlussbilanz

Eröffnungsbilanz 1. 1. 20_1

Aktiven				Passiven		
Umlaufvermögen			**Fremdkapital**			
Flüssige Mittel	20		Verbindlichkeiten L+L	50		
Forderungen L+L	40		Hypotheken	70	120	
Warenvorrat	80	140				
			Eigenkapital			
Anlagevermögen			Aktienkapital	150		
Immobilien	160		Gesetzliche Gewinnreserve	16		
Mobilien	50	210	Freiwillige Gewinnreserven	64	230	
		350			350	

Geschäftsfälle 20_1

Nr.	Text	Betrag
1	Abnahme Warenvorrat	12
2	Abschreibung Liegenschaft	15
3	Abschreibung Mobilien	20
4	Aktienkapitalerhöhung zum Nominalwert (Barliberierung)	20
5	Barkauf von Mobiliar	32
6	Barverkauf von Land zum Buchwert	11
7	Gewinnausschüttung durch Bankzahlung	38
8	Lohnaufwand (= Lohnzahlungen)	400
9	Tilgung Hypothek durch Bankzahlung	30
10	Übriger Baraufwand	320
11	Warenaufwand (Verkäufe zu Einstandspreisen)	1 000
12	Warenverkäufe auf Kredit (zu Verkaufspreisen)	1 800
13	Zunahme Forderungen L+L	10
14	Zunahme Verbindlichkeiten L+L (infolge Wareneinkäufen auf Kredit)	8
15	Zuweisung an gesetzliche Gewinnreserve	3

b) Was bedeutet der **Free Cashflow,** welcher in dieser Geldflussrechnung als Zwischenergebnis ausgewiesen wird?

Geldflussrechnung: Grundlagen — Aufgabe 11

Geldflussrechnung 20_1

Geldfluss aus Geschäftstätigkeit (direkt)

Waren E	+1750	
Waren A	−580	
Lohn A	−400	
übrige Bar-A	−320	50

Geldfluss aus Investitionstätigkeit

− Barkauf von Mobiliar	−32	
+ Barverkauf	+11	−21

= Free Cashflow   65

Geldfluss aus Finanzierungstätigkeit

− Rückzahlung Hypo	−30	
+ Erhöhung AK	+20	
− Gewinnausschüttung	−38	−48

                              21

Erfolgsrechnung 20_1

Warenverkäufe	1'800
− Waren A	−1'000
− übriger Bar A	−320
− Lohn A	−400
− Absch. Liegenschaft	−15
− Absch. Mobilien	−20
Gewinn	45

Geldfluss aus Geschäftstätigkeit (indirekt)

Gewinn	45

Differenzen zwischen Gewinn und Cashflow

+ Abschreibungen	+35
− Zunahme FLL	−10
+ Zunahme VLL	+8
+ Abnahme Vorräte	+12
Cashflow	50

Schlussbilanz 31. 12. 20_1

Aktiven

Umlaufvermögen

Flüssige Mittel	41	
Forderungen L+L	50	
Warenvorrat	68	159

Anlagevermögen

Immobilien	139	(160 − Verkauf − Absch)
Mobilien	62	211

Passiven

Fremdkapital

Verbindlichkeiten L+L	58	
Hypotheken	40	98

Eigenkapital

Aktienkapital	170	
Gesetzliche Gewinnreserve	19	
Freiwillige Gewinnreserven	68	257

2.12

Wie verändern sich der Gewinn, der Geldfluss aus Betriebstätigkeit (Cashflow) und der Bestand an flüssigen Mitteln aufgrund folgender Geschäftsfälle?

+ bedeutet Zunahme
− bedeutet Abnahme
0 bedeutet keine Veränderung

Nr.	Geschäftsfall	Gewinn	Cashflow	Flüssige Mittel
1	Abschreibung auf Fahrzeugen	−	0	0
2	Bankzahlung von Mietzinsen	−	−	−
3	Barkauf von Werkzeugen	0	0	−
4	Erhöhung des Aktienkapitals mit Agio durch Barliberierung	0	0	+
5	Aktienkapitalerhöhung durch Sacheinlage einer Liegenschaft	0	0	0
6	Rückzahlung einer Hypothek durch Bankzahlung	0	0	−
7	Warenverkauf gegen Barzahlung	+	+	+
8	Warenverkauf auf Kredit	+	0	0
9	Bankzahlung für Lohnaufwand	−	−	−
10	Bildung von Rückstellungen	−	0	0
11	Auflösung einer Rückstellung	+	0	0
12	Verkauf eines Fahrzeugs zum Buchwert gegen Barzahlung	0	0	+

2.13

Kreuzen Sie die richtigen Aussagen zum operativen Cashflow an:

a)	Der Geldfluss aus Betriebs- bzw. Geschäftstätigkeit wird oft als Cashflow bezeichnet.	X
b)	Der Cashflow kann in der Geldflussrechnung direkt oder indirekt ausgewiesen werden.	X
c)	Durch die Erhöhung der Abschreibungen steigt der Cashflow.	
d)	Ein grösserer Warenertrag führt zwingend zu einem höheren Cashflow.	X
e)	Ein negativer Cashflow wird auch Cashdrain genannt.	X
f)	Ein negativer Cashflow ist nur bei gleichzeitigem Verlust möglich.	
g)	Das schweizerische Obligationenrecht schreibt für die Geldflussrechnung eine Gliederung der Geldflüsse in die drei Bereiche Betriebs-, Investitions- und Finanzierungstätigkeit vor.	X
h)	Innenfinanzierung und Selbstfinanzierung sind nicht dasselbe: ▷ Innenfinanzierung bedeutet Geldfluss aus Betriebstätigkeit. ▷ Selbstfinanzierung ist die Reservenbildung aus der Zurückbehaltung von Gewinnen.	X

2.14

Vervollständigen Sie die Jahresrechnungen der Handelsgesellschaft **Semper AG** mit Text und Zahlen.

Eröffnungsbilanz

Aktiven		Passiven	
Flüssige Mittel	16	Verbindlichkeiten L+L	108
Forderungen L+L	65	Aktienkapital	100
Warenvorrat	52	Gesetzliche Gewinnreserve	23
Sachanlagen	130	Freiwillige Gewinnreserven	32
	263		263

Geldflussrechnung

Einzahlungen aus Warenertrag	590	
./. Zahlungen für Warenaufwand	−390	
./. Zahlungen für übrigen Aufwand	−145	+55
./. Barkauf von Sachanlagen	−90	
+ Barverkauf Sachanlagen zum Buchwert	8	−82
+ Kapitalerhöhung bar	20	
./. Dividendenzahlung	−6	+14
= Veränderung Flüssige Mittel		−13

Erfolgsrechnung

Warenertrag	600
./. Warenaufwand	−400
= Bruttogewinn	200
./. Abschreibungen	−40
./. Übriger Aufwand	−145
= Reingewinn	15

Cashflow indirekt

Reingewinn	15
+ Abschreibungen	40
./. Zunahme Forderungen L+L	−10
./. Zunahme Warenvorrat	−20
+ Zunahme Verbindlichkeiten L+L	30
= Cashflow	55

Schlussbilanz

Aktiven		Passiven	
Flüssige Mittel	3	Verbindlichkeiten L+L	138
Forderungen L+L	75	Aktienkapital	120
Warenvorrat	72	Gesetzliche Gewinnreserve	25
Sachanlagen	172	Freiwillige Gewinnreserven	39
	322		322

Die Aktienkapitalerhöhung erfolgte zum Nominalwert (Barliberierung).

2.15

Die **Bäckerei AG** produziert Backwaren und Patisserie. Die Erzeugnisse werden teils bar im eigenen Laden verkauft und teils auf Kredit an andere Geschäfte geliefert. Gegeben sind die Eröffnungsbilanz und der summarisch zusammengefasste Geschäftsverkehr.

Eröffnungsbilanz 1. 1. 20_4

Aktiven			Passiven		
Umlaufvermögen			**Fremdkapital**		
Flüssige Mittel	20		Kreditoren	25	
Debitoren	45		Hypotheken	200	225
Vorräte①	5	70			
Anlagevermögen			**Eigenkapital**		
Einrichtungen	90		Aktienkapital	200	
Fahrzeug	40		Gesetzliche Gewinnreserve	49	
Liegenschaft	400	530	Freiwillige Gewinnreserven	126	375
		600			600

Journal 20_4

Nr.	Geschäftsfälle	Betrag
1	Barverkäufe im Laden	110
2	Kreditverkäufe an andere Geschäfte	260
3	Bankzahlungen von Kunden	250
4	Einkäufe von Rohmaterialvorräten (Mehl, Hefe, Salz, Zucker u. Ä.) auf Kredit	90
5	Bankzahlungen an Lieferanten	82
6	Abnahme Rohmaterialvorrat	4
7	Bankzahlungen für Löhne und Sozialleistungen	190
8	Bankzahlungen für übrigen Aufwand wie Miete, Zinsen, Energieverbrauch	70
9	Abschreibung Einrichtungen	9
10	Abschreibung Fahrzeug	12
11	Zuweisung an gesetzliche Gewinnreserve	2
12	Banküberweisung der Dividende	20
13	Bankzahlung für den Umbau der Ladeneinrichtung (wertvermehrend)	63
14	Erhöhung der Hypothek (Gutschrift auf dem Bankkonto)	65
15	Kauf eines neuen Lieferwagens (Bankzahlung)	54
16	Verkauf des alten Lieferwagens (zum Buchwert von 40 gegen bar)	40
17	Übertrag des Verlustes	?

① Das sind Rohmaterialvorräte wie Mehl, Salz, Hefe, Zucker, Schokolade oder Butter. Fertige Erzeugnisse wie Brote und Patisserie sind keine vorrätig, da diese jeden Tag frisch hergestellt werden.

Geldflussrechnung: Grundlagen — **2** Aufgabe 15

a) Wie lauten die Abschlussrechnungen des Geschäftsjahres 20_4?

Geldflussrechnung 20_4

```
GF aus Betriebstätigkeit
 + Barverkäufe Laden          +110
 + Kreditverkäufe             +250
 - RohmatA                     -82
 - LohnA                      -150
 - Übrige A                    -70    18
GF aus Investitionstätigkeit
 - Kauf Lieferwagen            -59
 + Verkauf Lieferwagen         +40
 - Umbau                       -63    -77
GF aus Finanzierungstätigkeit
 + Erhöhung Hypo               +65
 - Dividende                   -20    45
                                     -14
```

Erfolgsrechnung 20_4

```
Verkaufsertrag Laden                  110
 - Rohmat A (+ abnahme Vorr.)         -94
 - Personal A                        -150
 - Übrige A                           -70
 - Absch. Fz                          -12
 - Absch. Einrichtungen                -5
 + Verkauf anderer Geschäfte         +260
                                       -5
```

Cashflow 20_4 (indirekt)

```
Gewinn                                 -5
Differenzen zwischen Gewinn und Cashflow
 + Absch Fz                          +12
 + Absch Einrichtungen                +5
 - Zunahme FM                        -10
 + Zunahme VM                         +8
 + Abnahme Vorräte                    +8
                                      18
```

Schlussbilanz 31.12.20_4

Aktiven			Passiven		
Umlaufvermögen			**Fremdkapital**		
Flüssige Mittel	6		Kreditoren	33	
Debitoren	55		Hypotheken	265	298
Vorräte	1	62			
Anlagevermögen			**Eigenkapital**		
Einrichtungen	144		Aktienkapital	200	
Fahrzeuge	42		Gesetzliche Gewinnreserve	51	
Liegenschaft	400	586	Freiwillige Gewinnreserven	99	350
		648			648

b) Wie beurteilen Sie die finanzielle Situation dieser Bäckerei?

2.16

Erstellen Sie für die **Commerce SA** aufgrund der Eröffnungsbilanz sowie der summarisch zusammengefassten Geschäftsfälle

▷ die Erfolgsrechnung

▷ die Geldflussrechnung (Cashflow in der Geldflussrechnung direkt und in einer separaten Rechnung indirekt ausweisen)

▷ die Schlussbilanz

Eröffnungsbilanz 1. 1. 20_1

Aktiven			Passiven		
Umlaufvermögen			**Fremdkapital**		
Flüssige Mittel	10		Verbindlichkeiten L+L	55	
Forderungen L+L	40		Hypotheken	50	105
Warenvorrat	70	120			
			Eigenkapital		
Anlagevermögen			Aktienkapital	120	
Immobilien	130		Kapitalreserven	6	
Mobilien	30	160	Gewinnreserven	49	175
		280			280

Geschäftsfälle 20_1

Nr.	Text	Betrag
1	Warenverkäufe auf Kredit	2 000
2	Wareneinkäufe auf Kredit (≠ Warenaufwand)	1 320
3	Abnahme Forderungen L+L	10
4	Zunahme Verbindlichkeiten L+L	5
5	Zunahme Warenvorrat	20
6	Lohnaufwand (= Lohnzahlungen)	400
7	Übriger Baraufwand	270
8	Abschreibung Mobilien	6
9	Abschreibung Liegenschaft	0
10	Aktienkapitalerhöhung Nominalwert	20
11	Agio aus Aktienkapitalerhöhung	10
12	Amortisation Hypothek durch Bankzahlung	15
13	Barverkauf Land zum Buchwert	14
14	Ausgabe einer Obligationenanleihe zum Nennwert	25
15	Barkauf einer Liegenschaft	45
16	Barverkauf eines gebrauchten Fahrzeugs zum Buchwert	3
17	Kauf eines neuen Fahrzeugs	11
18	Gewinnausschüttung durch Bankzahlung	30

2.17

Erstellen Sie für die **Birdie AG** aufgrund der folgenden alphabetisch geordneten Angaben eine Geldflussrechnung mit indirektem Ausweis des Geldflusses aus Betriebstätigkeit.

Nr.	Geschäftsfälle	Betrag
1	Agio bei Aktienkapitalerhöhung (Liberierung durch Einbringung von Sachanlagen)	15
2	Barverkauf von Sachanlagen zum Buchwert[1]	?
3	Dividendenauszahlung gemäss Beschluss der Generalversammlung	5
4	Erhöhung des Aktienkapitals durch Einbringung von Sachanlagen	50
5	Indirekte Abschreibungen Sachanlagen[2]	40
6	Kreditkäufe von Sachanlagen	30
7	Rechnungen für den Verkauf von Waren (Verkäufe zu Verkaufspreisen)	900
8	Rückzahlung Hypothek	10
9	Übriger Aufwand (= Ausgaben)	240
10	Warenaufwand (Verkäufe zu Einstandspreisen)	600
11	Wareneinkäufe zu Einstandspreisen	606
12	Zahlungen an Lieferanten	610
13	Zahlungen von Kunden	905
14	Zunahme der Kreditoren aus Käufen von Sachanlagen	3

2.18

Kreuzen Sie an, welche der folgenden Bestände per 31. 12. 20_4 zum Fonds *flüssige Mittel* bzw. *netto-flüssige Mittel* gehören.

Nr.	Bestände	Flüssige Mittel	Netto-flüssige Mittel
1	Fr. 30 000.– Bargeld in der Kasse	X	X
2	Fr. 400 000.– Sichtguthaben bei einer Schweizer Grossbank (Kontokorrent)	X	X
3	Aktien der Biotechnologie AG zum Börsenkurswert von Fr. 80 000.–		
4	Fr. 150 000.– Kassenobligationen (Kauf am 23. April 20_2, Fälligkeit am 23. April 20_5)	X — nichts	X — nichts
5	Fr. 30 000.– Habensaldo im Kontokorrent bei einer Bank, das für die Abwicklung des Zahlungsverkehrs benötigt wird.		X
6	Fr. 200 000.– Festgeldanlage bei einer Schweizer Grossbank (Abschluss am 30. 11. 20_4, Fälligkeit am 28. 02. 20_5)	X	X
7	Fr. 60 000.– Guthaben bei der Raiffeisen Bank auf einem Sperrkonto (voraussichtlich nicht beanspruchte Kaution zur Sicherung eines Mietvertrags)		

[1] Das Sachanlagenkonto weist einen Anfangsbestand von 220 und einen Schlussbestand von 277 auf.
[2] Das Wertberichtigungskonto weist einen Anfangsbestand von 100 und einen Schlussbestand von 125 auf.

2.19

Von der **Titanium AG** – einem Handelsbetrieb für Baustoffe – liegen diese Informationen vor:

Schlussbilanzen per 31.12.

Aktiven	20_3	20_4	Passiven	20_3	20_4
Flüssige Mittel	10	6	Bank-Kontokorrent	13	8
Forderungen L+L	70	77	Verbindlichkeiten L+L	56	48
Warenvorrat	49	44	Bankdarlehen	90	66
Sachanlagen	240	254	Aktienkapital	60	74
./. WB Sachanlagen	−110	−134	Kapitalreserven	5	12
			Gewinnreserven	35	39
	259	247		259	247

Erfolgsrechnung 20_4

Warenertrag	600
./. Warenaufwand	−360
./. Abschreibungen Sachanlagen	? −27
./. Übriger Aufwand (= Ausgaben)	−190
= Gewinn	? 23

Zusätzliche Angaben zum Jahr 20_4

▷ Die Aktienkapitalerhöhung wurde von den Aktionären bar liberiert.
▷ Sachanlagen wurden zum Buchwert von 6 bar verkauft. Der Anschaffungswert betrug 9.

Lösen Sie die folgenden Aufgaben:

a) Vervollständigen Sie obige Erfolgsrechnung.
b) Weisen Sie den Bestand und die Veränderung des Fonds **netto-flüssige Mittel** nach.

Netto-flüssige Mittel

	1.1.20_4	31.12.20_4	Veränderung
Flüssige Mittel	10	6	−4
./. Bank-Kontokorrent	−13	−8	+5
= Netto-flüssige Mittel	−3	−2	+1

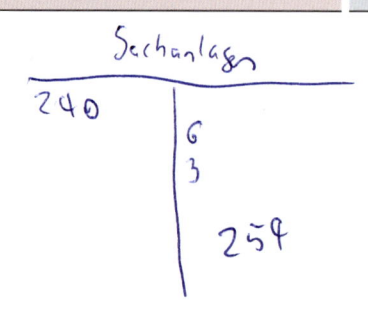

Sachanlagen
240 | 6
    | 3
    | 254

Geldflussrechnung: Grundlagen — Aufgabe 19

c) Erstellen Sie die Geldflussrechnung zum Fonds netto-flüssige Mittel. Der Geldfluss aus Betriebstätigkeit ist in der Geldflussrechnung direkt und in einer Nebenrechnung indirekt auszuweisen.

Geldflussrechnung 20_4

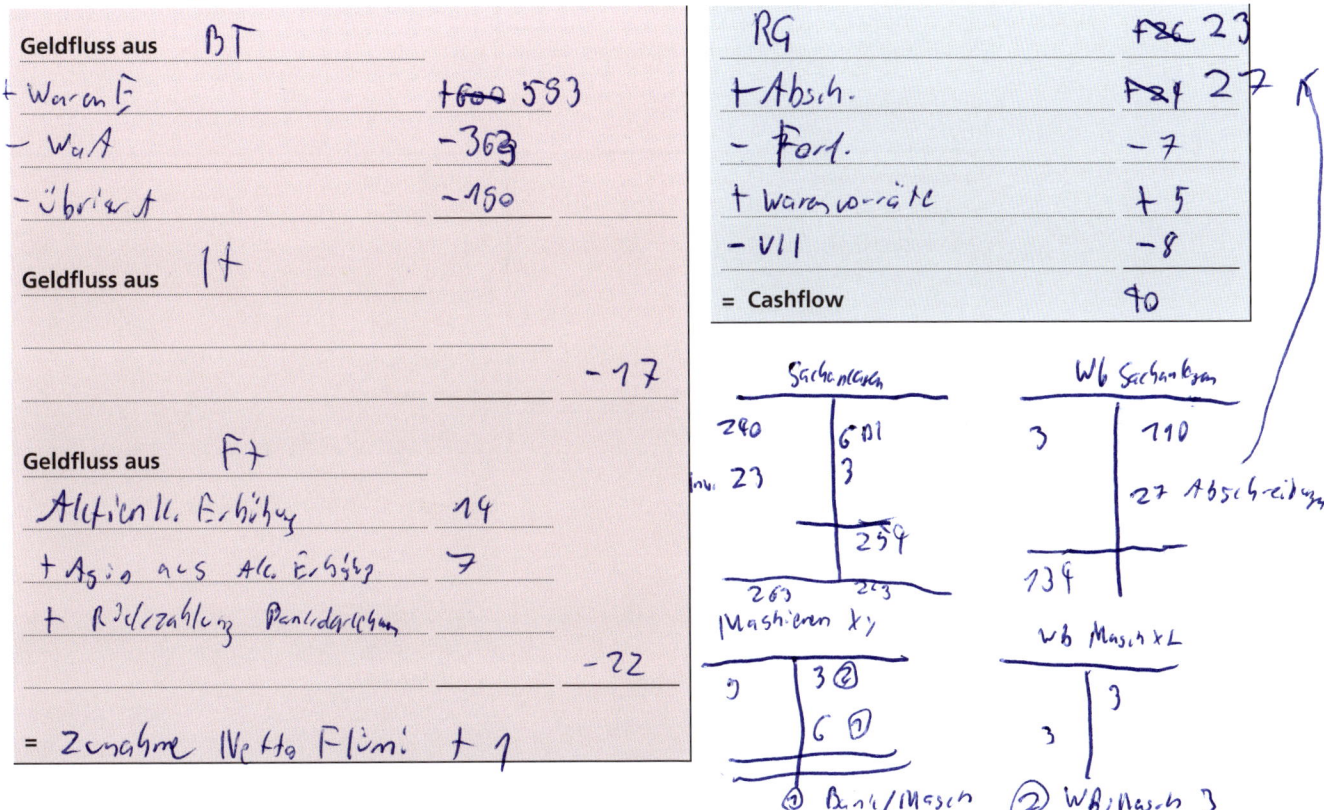

Geldfluss aus BT	
+ Waren E	583
− W a A	−363
− übrige A	−150
Geldfluss aus IT	
	−17
Geldfluss aus FT	
Aktienk. Erhöhung	14
+ Agio aus Akt. Erhöhg	7
+ Rückzahlung Bankdarlehen	
	−22
= Zunahme Netto Flüm.	+1

Geldfluss aus Betriebstätigkeit (indirekt) 20_4

RG	23
+ Absch.	27
− Ford.	−7
+ Warenvorräte	+5
− VII	−8
= Cashflow	40

(Nebenrechnungen: T-Konten Sachanlagen, WB Sachanlagen, Maschinen, WB Maschinen; ① Bank/Masch ② WB/Masch)

d) Vergleichen Sie die Geldflussrechnungen zu den Fondstypen flüssige Mittel und netto-flüssige Mittel mithilfe folgender Fragen:
  ▷ Wie hoch wäre im Beispiel der Saldo der Geldflussrechnung zum Fonds flüssige Mittel?
  ▷ Wo in der Geldflussrechnung zum Fonds flüssige Mittel würde die Abnahme des Bank-Kontokorrents von 5 ausgewiesen?
  ▷ Welcher Fondstypus gibt die Abnahme des Kontokorrentkredits betriebswirtschaftlich besser wieder?

Prüfungsrelevant

2.20

Von der **VivAldi AG** sind die Eröffnungsbilanz, die Geldflussrechnung sowie der indirekte Cashflow-Nachweis gegeben, wobei die Texte in den beiden dynamischen Rechnungen nicht überall optimal sind.

Wie lauten die Erfolgsrechnung sowie die Schlussbilanz?

Eröffnungsbilanz 1. 1. 20_1

Aktiven			Passiven		
Umlaufvermögen			**Fremdkapital**		
Flüssige Mittel	8		Verbindlichkeiten L+L	35	
Forderungen L+L	22		Hypotheken	55	90
Warenvorrat	30	60	**Eigenkapital**		
Anlagevermögen			Aktienkapital	50	
Immobilien	90		Kapitalreserven	4	
Mobilien	40	130	Gewinnreserven	46	100
		190			190

Geldflussrechnung 20_1

Geldfluss aus Betriebstätigkeit		
Zahlungen von Kunden	250	
./. Zahlungen an Lieferanten	− 140	
./. Zahlungen für Personalaufwand	− 44	
./. Zahlungen für übrigen Aufwand	− 36	30
Geldfluss aus Investitionstätigkeit		
./. Land	− 32	
./. Mobilien	− 13	
+ Fahrzeug	4	− 41
Geldfluss aus Finanzierungstätigkeit		
+ Aktienkapital	20	
+ Agio bei Aktienkapitalerhöhung	6	
./. Hypotheken	− 5	
./. Dividenden	− 12	9
= Saldo		− 2

Indirekter Cashflow-Nachweis

Gewinn	20
+ Abschreibungen Immobilien	2
+ Abschreibungen Mobilien	8
+ Forderungen L+L	3
+ Warenvorrat	4
./. Verbindlichkeiten L+L	− 7
= Cashflow	30

Geldflussrechnung: Grundlagen — 2 Aufgabe 20

Erfolgsrechnung 20_1

Bruttogewinn

Gewinn

Schlussbilanz 31. 12. 20_1

Aktiven / Passiven

Umlaufvermögen
- Flüssige Mittel
- Forderungen L+L
- Warenvorrat

Anlagevermögen
- Immobilien
- Mobilien

Fremdkapital
- Verbindlichkeiten L+L
- Hypotheken

Eigenkapital
- Aktienkapital
- Kapitalreserven
- Gewinnreserven

3

Geldflussrechnung: Vertiefung

3.01

Die **Venta SA** veräusserte Mitte 20_5 ein Stück Land wie folgt gegen Bankzahlung:

Verkaufspreis	100
./. Buchwert	− 70
= Veräusserungsgewinn	30

Für die Verbuchung dieses Geschäftsfalls bestehen zwei Möglichkeiten:

Variante 1	
Flüssige Mittel/Ertrag aus Veräusserung von Anlagen	30
Flüssige Mittel/Immobilien	70

Variante 2	
Immobilien/Ertrag aus Veräusserung von Anlagen	30
Flüssige Mittel/Immobilien	100

a) Wie wirken sich diese Buchungsvarianten auf die Geldflussrechnung aus?

Die Lösung ist auf der rechten Seite einzutragen. Die Geldflussrechnungen sind bis auf den Liegenschaftsverkauf vollständig.

b) Beurteilen Sie, welche Lösung aus betriebswirtschaftlicher Sicht die richtige ist.

Geldflussrechnung: Vertiefung — **3** Aufgabe 01

Geldflussrechnung Variante 1

Betriebstätigkeit (direkt)
Zahlungen von Kunden	300
./. Zahlungen an Lieferanten	– 130
./. Zahlungen für diversen Aufwand	– 80

Investitionstätigkeit
./. Kauf von Anlagevermögen	– 110

Finanzierungstätigkeit
./. Rückzahlung Hypothek	– 50	
./. Dividendenauszahlung	– 20	– 70
= **Zunahme flüssige Mittel**		**10**

Betriebstätigkeit (indirekt)
Gewinn	80
+ Abschreibungen	50
./. Veränderung übriges NUV	– 10

Geldflussrechnung Variante 2

Betriebstätigkeit (direkt)
Zahlungen von Kunden	300
./. Zahlungen an Lieferanten	– 130
./. Zahlungen für diversen Aufwand	– 80

Investitionstätigkeit
./. Kauf von Anlagevermögen	– 110

Finanzierungstätigkeit
./. Rückzahlung Hypothek	– 50	
./. Dividendenauszahlung	– 20	– 70
= **Zunahme flüssige Mittel**		**10**

Betriebstätigkeit (indirekt)
Gewinn	80
+ Abschreibungen	50
./. Veränderung übriges NUV	– 10

3.02

Von der **Manta AG**, Handel mit Automobilzubehör, liegen diese Informationen vor:

Bilanzen 20_5

Aktiven

	1.1.	31.12.
Umlaufvermögen		
Flüssige Mittel	9	23
Forderungen L+L (Debitoren)	60	80
Warenvorräte	20	25
Aktive Rechnungsabgrenzung (Mietzins)	8	11
Anlagevermögen		
Sachanlagen	220	265
./. WB mobile Sachanlagen	− 90	− 110
	227	294

Passiven

	1.1.	31.12.
Fremdkapital		
Verbindlichkeiten L+L (Kreditoren)	30	40
Passive Rechnungsabgrenzung (Zinsen)	4	6
Darlehen	100	150
Eigenkapital		
Aktienkapital	50	50
Kapitalreserven	10	10
Gewinnreserven	33	38
	227	294

Erfolgsrechnung 20_5

Warenertrag	700
./. Warenaufwand	− 400
./. Raumaufwand	− 70
./. Abschreibungen	− 20
./. Zinsaufwand	− 8
./. Diverser Aufwand (= Ausgaben)	− 170
= Gewinn	**32**

Mietzinse

Da 20_5 zusätzliche Räumlichkeiten gemietet wurden, erhöhten sich die vorausbezahlten Mietzinse.

Raumaufwand	70
= Zahlungen für Raumaufwand	

Zinsen

Das bisherige Darlehen von 100 ist jährlich am 30. April zu 6% verzinslich. Am 30. April 20_5 wurde ein neues Darlehen zu denselben Bedingungen aufgenommen.

Zinsaufwand	8
= Zahlungen für Zinsen	

Geldflussrechnung: Vertiefung

3 Aufgabe 02

Erstellen Sie die Geldflussrechnung für das Jahr 20_5. Der Geldfluss aus Betriebstätigkeit ist in der Geldflussrechnung direkt und in einer separaten Rechnung indirekt auszuweisen.

Geldflussrechnung 20_5

Geldfluss aus Betriebstätigkeit
Zahlungen von Kunden

./.

./.

./.

./.

Geldfluss aus Investitionstätigkeit
./. Käufe von Sachanlagen — 45

Geldfluss aus Finanzierungstätigkeit

Geldfluss aus Betriebstätigkeit (indirekt) 20_5

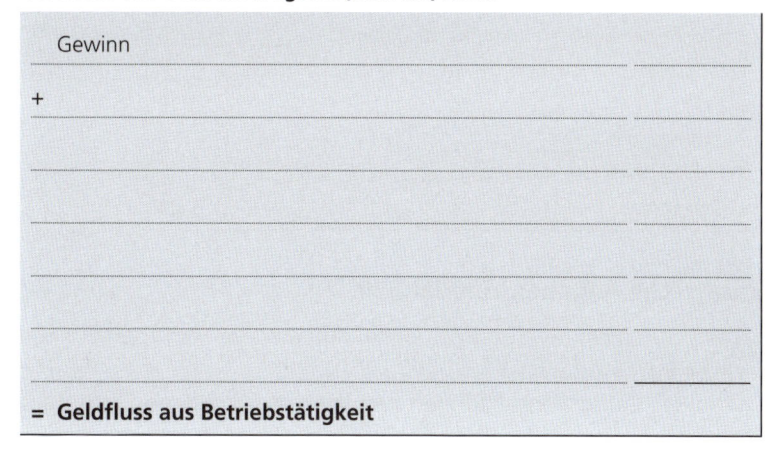

Gewinn

+

= **Geldfluss aus Betriebstätigkeit**

Geldflussrechnung: Vertiefung

3.03

Die **Sportswear AG** handelt mit Bekleidung und Geräten zur Ausübung von Sport.

Vervollständigen Sie die Lösungshilfen, und erstellen Sie die Geldflussrechnung mit direktem Ausweis des Geldflusses aus Geschäftstätigkeit. Der operative Cashflow ist in einer separaten Rechnung auch indirekt nachzuweisen.

Schlussbilanzen per 31. 12.

Aktiven	20_6	20_7	Passiven	20_6	20_7
Flüssige Mittel	19	13	Verbindlichkeiten L+L	77	83
Forderungen L+L	92	97	Passive Rechnungsabgrenzung	3	2
Aktive Rechnungsabgrenzung	5	8	Finanzverbindlichkeiten	150	120
Warenvorrat	66	62	Aktienkapital	80	80
Sachanlagen	320	343	Gesetzliche Kapitalreserve	4	4
./. WB Sachanlagen	−130	−159	Gesetzliche Gewinnreserve	16	19
			Freiwillige Gewinnreserven	42	56
	372	364		372	364

Erfolgsrechnung 20_7

Warenertrag	850
./. Warenaufwand	− 620
= Bruttogewinn	**230**
./. Raumaufwand	− 55
./. Abschreibungen Sachanlagen	− 45
./. Sonstiger Betriebsaufwand (= Ausgaben)	− 96
+ Veräusserungsgewinn	4
= EBIT	**38**
./. Zinsaufwand	− 7
./. Steueraufwand (= Ausgaben)	− 5
= Gewinn	**26**

Zusätzliche Angaben zum Jahr 20_7

▷ Alle Warenverkäufe und Wareneinkäufe erfolgen auf Kredit (= Forderungen und Verbindlichkeiten aus Lieferungen und Leistungen).

▷ Die Rechnungsabgrenzungen betreffen aufgelaufene Zinsen und vorausbezahlte Mietzinse.

▷ In der Rechnungsperiode wurden Sachanlagen mit einem Anschaffungswert von 17 bar verkauft. Die Käufe von Sachanlagen erfolgten gegen Barzahlung.

Geldflussrechnung: Vertiefung — Aufgabe 03

Warenverkäufe

Warenertrag
= Zahlungen von Kunden

Wareneinkäufe

Warenaufwand
= Wareneinkäufe (Rechnungen)
= Zahlungen an Lieferanten

Mietzinse

Raumaufwand
= Zahlungen für Raumaufwand

Zinsen

Zinsaufwand
= Zahlungen für Zinsen

Veräusserung von Sachanlagen

Anschaffungswert
= Buchwert
= Einnahmen aus Verkauf

Geldflussrechnung

Geldfluss aus Geschäftstätigkeit
 Zahlungen von Kunden
./. Zahlungen

Geldfluss aus Investitionstätigkeit

Geldfluss aus Finanzierungstätigkeit

=

Geldfluss aus Geschäftstätigkeit (indirekt)

 Gewinn
+

= **Geldfluss aus Geschäftstätigkeit**

Geldflussrechnung: Vertiefung

3.04

Von der **Transa AG** sind die Eröffnungsbilanz und die summarischen Geschäftsfälle gegeben. Zu erstellen sind die Rechnungen gemäss Lösungsblatt.

Eröffnungsbilanz 1. 1. 20_4

Aktiven		Passiven	
Flüssige Mittel	12	Verbindlichkeiten L+L	95
Forderungen L+L	90	Passive Rechnungsabgrenzung	3
Aktive Rechnungsabgrenzung	5	Bankdarlehen	150
Warenvorrat	80	Aktienkapital	100
Sachanlagen	340	Gesetzliche Kapitalreserve	4
./. Wertberichtigung Sachanlagen	– 120	Gesetzliche Gewinnreserve	17
		Freiwillige Gewinnreserven	38
	407		407

Geschäftsfälle 20_4

Nr.	Text	Betrag
1	Abschreibungen	40
2	Agio bei Aktienkapitalerhöhung	18
3	Aktienkapitalerhöhung nominal (Barliberierung)	36
4	Anschaffungswert der verkauften Sachanlagen	27
5	Dividendenauszahlung	12
6	Kauf von Sachanlagen gegen bar	60
7	Kumulierte Abschreibungen auf verkauften Sachanlagen	23
8	Mietaufwand	70
9	Rückzahlung Bankdarlehen am 31. 8.	50
10	Verkauf von Sachanlagen gegen bar	10
11	Warenaufwand	900
12	Wareneinkäufe	920
13	Warenverkäufe auf Kredit	1 400
14	Zahlungen an Lieferanten	925
15	Zahlungen für Kapitalzinsen	?
16	Zahlungen für Mietzinse	66
17	Zahlungen für übrigen Aufwand (Aufwand = Ausgabe)	356
18	Zahlungseingänge von Kunden	1 410
19	Zinsaufwand	8

Zusätzliche Angaben

▷ Die Mietzinse sind vorschüssig zu bezahlen.

▷ Das Bankdarlehen beträgt seit zwei Jahren 150. Es wird jährlich am 31. 8. nachschüssig verzinst. Der Zinsfuss ist konstant.

Geldflussrechnung: Vertiefung — 3 Aufgabe 04

Geldflussrechnung 20_4

Erfolgsrechnung 20_4

Geldfluss aus Geschäftstätigkeit (indirekt) 20_4

Schlussbilanz 31. 12. 20_4

Aktiven		Passiven	
Flüssige Mittel		Verbindlichkeiten L+L	
Forderungen L+L		Passive Rechnungsabgrenzung	
Aktive Rechnungsabgrenzung		Bankdarlehen	
Warenvorrat		Aktienkapital	
Sachanlagen		Gesetzliche Kapitalreserve	
./. Wertberichtigung Sachanlagen		Gesetzliche Gewinnreserve	20
		Freiwillige Gewinnreserven	

3.05

Vervollständigen Sie die Abschlussrechnungen der **Combinato AG**.

Schlussbilanzen

Aktiven	20_1	20_2	Passiven	1.1.	31.12.
Flüssige Mittel	34		Verbindlichkeiten L+L		98
Forderungen L+L	110		Passive Rechnungsabgrenzung	4	3
Aktive Rechnungsabgrenzung		8	Bankdarlehen	120	70
Warenvorrat			Aktienkapital	180	200
Sachanlagen	400		Kapitalreserven	20	26
./. Wertberichtigung Sachanlagen	−160	−220	Gewinnreserven		61
	470			470	

Geldflussrechnung 20_2

Geldfluss aus Betriebstätigkeit

Zahlungen von Kunden		
./. Zahlungen an Lieferanten	−485	
./. Zahlungen für Mietzinse	−62	
./. Zahlungen für Bankzinsen	−7	
./.		

Geldfluss aus Investitionstätigkeit

./. Kauf von Sachanlagen	−107	
+ Verkauf von Sachanlagen	30	−77

Geldfluss aus Finanzierungstätigkeit

+		
./.		
./.		

=

Erfolgsrechnung 20_2

Warenertrag	800
./. Warenaufwand	
./. Raumaufwand	
./. Zinsaufwand	−6
./. Abschreibungen	−80
./. Übriger Baraufwand	−134
+ Veräusserungsgewinn	9
=	

Geldfluss aus Betriebstätigkeit

+ Abschreibungen	80
+ Forderungen L+L	5
+ Warenvorrat	7
+ Verbindlichkeiten L+L	8
./. Rechnungsabgrenzung	−2
=	

Geldflussrechnung: Vertiefung 3

3.06

Wie wirken sich die genannten Geschäftsfälle aus? Die jeweils richtige Auswahlantwort ist anzukreuzen. Das Bankkonto ist Teil der flüssigen Mittel.

a) Die Löhne werden durch Bankzahlung an die Mitarbeitenden überwiesen.

☐ Der Gewinn und der Geldfluss aus Betriebstätigkeit sinken; die flüssigen Mittel verändern sich nicht.

☐ Der Gewinn nimmt ab; der Geldfluss aus Betriebstätigkeit und die flüssigen Mittel bleiben konstant.

☐ Der Gewinn verändert sich nicht; die flüssigen Mittel sinken.

☐ Der Gewinn und der Free Cashflow vermindern sich; die Investitionen sind unverändert.

b) Eine als Warenaufwand erfasste Lieferantenrechnung wird durch die Bank bezahlt.

☐ Die flüssigen Mittel, der Cashflow aus Betriebstätigkeit und der Gewinn nehmen ab.

☐ Der Gewinn und der Geldfluss aus Betriebstätigkeit bleiben unverändert; die flüssigen Mittel nehmen ab.

☐ Der Gewinn bleibt unverändert, und der Free Cashflow wird kleiner.

☐ Die flüssigen Mittel und der Geldfluss aus Betriebstätigkeit nehmen ab.

c) Ein Kunde begleicht eine als Warenertrag verbuchte Kundenrechnung durch Bankzahlung.

☐ Der Gewinn und die flüssigen Mittel nehmen zu.

☐ Der Geldfluss aus Betriebstätigkeit und die flüssigen Mittel steigen; der Gewinn bleibt gleich.

☐ Der Gewinn steigt; der Geldfluss aus Betriebstätigkeit bleibt unverändert.

☐ Der Free Cashflow bleibt konstant.

d) Das Aktienkapital wird mit einem Agio erhöht. Die Liberierung erfolgt durch Sacheinlage in Form eines Grundstücks.

☐ Der Gewinn und der Geldfluss aus Betriebstätigkeit sind durch diesen Geschäftsfall nicht betroffen; die flüssigen Mittel nehmen zu.

☐ Die Geldflüsse aus Investitionstätigkeit und Finanzierungstätigkeit nehmen zu.

☐ Der Geldfluss aus Finanzierungstätigkeit steigt; der Gewinn bleibt unverändert.

☐ Der Free Cashflow verändert sich nicht.

e) Ein gebrauchtes Fahrzeug wird gegen bar verkauft. Weil der Verkaufspreis über dem Buchwert liegt, wird ein Veräusserungsgewinn erzielt.

☐ Der Gewinn und der Geldfluss aus Betriebstätigkeit nehmen zu.

☐ Der Free Cashflow wird kleiner.

☐ Der Geldfluss aus Investitionstätigkeit und der Gewinn steigen.

☐ Der Free Cashflow bleibt unverändert.

3.07

Von der **Generika AG** liegen die unvollständigen Jahresrechnungen sowie der Rückstellungsspiegel vor.

Vervollständigen Sie die Jahresrechnungen.

Rückstellungsspiegel 20_5

	Rechtsfälle	Restrukturierungen	Total
Anfangsbestand am 1. 1. 20_5	20	10	30
+ Bildung	7		7
./. Auflösung	– 4		– 4
./. Verwendung (Zahlung)		– 8	– 8
= Schlussbestand am 31. 12. 20_5	23	2	25

Eröffnungsbilanz 1. 1. 20_5

Aktiven		Passiven	
Flüssige Mittel	100	Verbindlichkeiten L+L	300
Forderungen L+L	400	Finanzverbindlichkeiten	450
Vorräte	200		
Anlagevermögen	700	Aktienkapital	500
		Gewinnreserven	120
	1 400		1 400

Geldflussrechnung: Vertiefung — 3 Aufgabe 07

Geldflussrechnung 20_5

Geldfluss aus Betriebstätigkeit

Zahlungen von Kunden		
./. Zahlungen an Lieferanten		
./. Zahlungen übriger Aufwand	– 627	155

Geldfluss aus Investitionstätigkeit

./. Kauf Sachanlagen	– 90	
+ Verkauf Sachanlagen zum Buchwert	10	– 80

Geldfluss aus Finanzierungstätigkeit

./. Verminderung Finanzverbindlichkeiten	– 50	
./. Dividendenauszahlung	– 70	– 120

= **Abnahme flüssige Mittel**	**– 45**

Erfolgsrechnung 20_5

Warenertrag	2 000
./. Warenaufwand	– 1 200
./. Abschreibungen	– 80
./. Übriger Aufwand	– 627
= **Gewinn**	**90**

Geldfluss Betriebstätigkeit (indirekte Methode)

Gewinn	90
+ Abschreibungen	80
./. Veränderung Forderungen L+L	– 20
./. Veränderung Warenvorrat	– 30
+ Veränderung Verbindlichkeiten L+L	40
= **Operativer Cashflow**	**155**

Schlussbilanz 31. 12. 20_5

Aktiven		Passiven	
Flüssige Mittel		Verbindlichkeiten L+L	
Forderungen L+L		Finanzverbindlichkeiten	
Vorräte			
Anlagevermögen		Aktienkapital	
		Gewinnreserven	

3.08

Die **Corpore Sano AG** handelt mit Trainingshilfen wie Crosstrainer, Stepper, Indoor-Bikes, Laufbändern, Hanteln und Ergometern für Fitnessstudios sowie den Heimgebrauch. Es liegen die folgenden Informationen vor:

Schlussbilanzen per 31.12.

Aktiven	20_4	20_5	Passiven	20_4	20_5
Flüssige Mittel	3	10	Verbindlichkeiten L+L	31	36
Forderungen L+L	50	47	Passive Rechnungsabgrenzung	2	1
Warenvorrat	28	30	Finanzverbindlichkeiten	42	32
Sachanlagen	120	143	Rückstellungen	5	6
./. WB Sachanlagen	-40	-48	Aktienkapital	50	70
			Gesetzliche Kapitalreserve		5
			Gesetzliche Gewinnreserve	11	13
			Freiwillige Gewinnreserven	20	19
	161	182		161	182

Erfolgsrechnung 20_5

Warenertrag	500
./. Warenaufwand	−300
= **Bruttogewinn**	**200**
./. Abschreibungen Sachanlagen	−10
./. Diverser Betriebsaufwand	−180
+ Veräusserungsgewinn	4
= **EBIT**	**14**
./. Zinsaufwand	−3
./. Steueraufwand (= Ausgaben)	−2
= **Gewinn**	**9**

Rückstellungsspiegel 20_5

Anfangsbestand	5
+ Bildung	4
./. Auflösung	−1
./. Verwendung (Zahlung)	−2
= Schlussbestand	6

Zusätzliche Angaben zum Jahr 20_5

▷ Die passive Rechnungsabgrenzung betrifft aufgelaufene Zinsen.

▷ In der Rechnungsperiode wurden Sachanlagen gegen bar verkauft. Der Anschaffungswert dieser Sachanlagen betrug 5.

▷ Die Aktienkapitalerhöhung erfolgte mittels Einlage von Sachanlagen.

▷ Die erfolgswirksamen Veränderungen von Rückstellungen wurden über diversen Betriebsaufwand erfasst.

Geldflussrechnung: Vertiefung — **3** Aufgabe 08

Erstellen Sie die Geldflussrechnung mit direktem Ausweis des Geldflusses aus Geschäftstätigkeit. Dieser ist in einer Nebenrechnung auch indirekt nachzuweisen. Die Anzahl Hilfszeilen entspricht nicht der Musterlösung.

Geldflussrechnung 20_5

Geldfluss aus

Zahlungen von Kunden

./. Zahlungen an Lieferanten

./. Zahlungen diverser Betriebsaufwand

./. Zahlungen für Zinsen

./. Zahlungen für Steuern

Geldfluss aus

Geldfluss aus

=

Cashflow (indirekt)

Gewinn

+

= **Geldfluss aus Geschäftstätigkeit**

Geldflussrechnung: Vertiefung 3

3.09

Von der **Provision AG** sind in der Ausgangslage die Eröffnungsbilanz sowie die summarisch zusammengefassten Geschäftsfälle bekannt.

Wie lauten die Abschlussrechnungen?

Eröffnungsbilanz 1. 1. 20_1

Aktiven		Passiven	
Flüssige Mittel	7	Kreditoren	70
Debitoren	40	Bankdarlehen	50
Warenvorrat	60	Rückstellungen	9
Sachanlagen	200	Aktienkapital	100
		Gewinnreserven	78
	307		307

Geschäftsfälle 20_1

Nr.	Text	Betrag
1	Fakturierter Warenertrag	700
2	Zahlungen von Kunden	705
3	Wareneinkäufe gegen Rechnung	430
4	Zunahme Warenvorrat	10
5	Zahlungen an Warenlieferanten	410
6	Personalaufwand (= Ausgaben)	150
7	Abschreibung von Sachanlagen	40
8	Rückstellungen für Garantieleistungen gemäss separatem Rückstellungsspiegel	
9	Übriger Aufwand (= Ausgaben)	78
10	Kauf von Sachanlagen (= Ausgabe)	110
11	Verkauf von Sachanlagen inkl. Veräusserungsgewinn (= Einnahme)	14
12	Veräusserungsgewinn auf Sachanlagen	4
13	Rückzahlung Darlehen	30
14	Aktienkapitalerhöhung (Nominalwert)	60
15	Agio bei Aktienkapitalerhöhung	15
16	Dividendenauszahlung	9

Rückstellungsspiegel 20_1

	Text	Betrag
	Anfangsbestand per 1. 1. 20_1	9
+	Erfolgswirksame Bildung neuer Rückstellungen	6
./.	Erfolgswirksame Auflösung nicht mehr notwendiger Rückstellungen	−3
./.	Erfolgsneutrale Zahlungen zulasten der Rückstellungen (Verwendung)	−2
=	Schlussbestand per 31. 12. 20_1	10

Geldflussrechnung: Vertiefung

3 Aufgabe 09

Geldflussrechnung 20_1

Erfolgsrechnung 20_1

Geldfluss aus Betriebstätigkeit (indirekt)

= **Zunahme flüssige Mittel**

Schlussbilanz 31. 12. 20_1

Aktiven | Passiven

Aktiven		Passiven	
Flüssige Mittel		Kreditoren	
Debitoren		Bankdarlehen	
Warenvorrat		Rückstellungen	
Sachanlagen		Aktienkapital	
		Kapitalreserven	
		Gewinnreserven	

Geldflussrechnung: Vertiefung

3.10

Von der **Bonita AG**, einem Handelsbetrieb für dekorative Artikel zur Wohnungseinrichtung, liegen diese Informationen vor:

Schlussbilanzen

	20_0	20_1		20_0	20_1
Umlaufvermögen			**Fremdkapital**		
Flüssige Mittel	21	34	Verbindlichkeiten L+L (Kreditoren)	46	38
Forderungen L+L (Debitoren)	80	92	Passive Rechnungsabgrenzung	3	4
Warenvorräte	40	37	Finanzverbindlichkeiten	150	160
Aktive Rechnungsabgrenzung	7	9	Rückstellungen	12	15
Anlagevermögen			**Eigenkapital**		
Sachanlagen	400	450	Aktienkapital	90	100
./. WB mobile Sachanlagen	–150	–180	Gesetzliche Kapitalreserve	15	22
			Gesetzliche Gewinnreserve	25	28
			Freiwillige Gewinnreserven	57	75
	398	442		398	442

Erfolgsrechnung 20_1

Warenertrag	800
./. Warenaufwand	–500
= Bruttogewinn	**300**
./. Raumaufwand	–60
./. Abschreibungen	–40
./. Bildung Rückstellungen	–7
+ Auflösung Rückstellungen	3
./. Diverser Betriebsaufwand (= Ausgaben)	–150
+ Gewinn aus Veräusserung von Sachanlagen	5
= EBIT	**51**
./. Zinsaufwand	–6
./. Steueraufwand (= Ausgaben)	–9
= Gewinn	**36**

▷ Die aktiven und passiven Rechnungsabgrenzungen bestehen aus vorausbezahlten Mietzinsen sowie aufgelaufenen Zinsen für die Finanzverbindlichkeiten.
▷ Alle Käufe und Verkäufe von Sachanlagen erfolgten bar. Durch Verkäufe wurden Einnahmen von 26 erzielt.
▷ Die Aktienkapitalerhöhung wurde von den Aktionären bar liberiert.

Erstellen Sie die Geldflussrechnung für das Jahr 20_1. Der Geldfluss aus Geschäftstätigkeit ist in der Geldflussrechnung indirekt und in einer separaten Rechnung direkt auszuweisen. Als zusätzliche Lösungshilfen dienen die Übersichten und Konten auf der linken Hälfte der Seite.

Geldflussrechnung: Vertiefung — 3 — Aufgabe 10

Mietzinse

Raumaufwand	
= Zahlungen für Raumaufwand	

Kapitalzinsen

Zinsaufwand	
= Zinszahlungen	

Rückstellungsspiegel

Anfangsbestand	
= Schlussbestand	

Verkauf von Sachanlagen

Anschaffungswert	31
	−10
= Buchwert	21
	5
= Verkaufserlös	26

Sachanlagen

Anfangsbestand		Verkäufe	31
Käufe	81	Schlussbestand	450

Wertberichtigung Sachanlagen

	Anfangsbestand
Schlussbestand	

Geldflussrechnung

Geldfluss aus

Geldfluss aus

Geldfluss aus

=

Geldfluss aus Geschäftstätigkeit (direkt)

Geldflussrechnung: Vertiefung 3

3.11

Ergänzen Sie die vorliegenden Jahresrechnungen der **Fabrik AG.** Vereinfachend ist davon auszugehen, dass die Herstellung der Eigenleistungen Ausgaben verursachte.

Schlussbilanzen

Aktiven	20_1	20_2	Passiven	20_1	20_2
Flüssige Mittel	10	15	Verbindlichkeiten L+L	50	55
Forderungen L+L	80	90	Finanzverbindlichkeiten	130	159
Materialvorrat	40	48	Aktienkapital	100	100
Vorrat unfertige und fertige Erzeugnisse	30	34	Gewinnreserven	60	63
Sachanlagen	300	350			
./. Wertberichtigung Sachanlagen	–120	–160			
	340	377		340	377

Geldflussrechnung 20_2

Geldfluss aus Betriebstätigkeit

Zahlungen von Kunden		
./. Zahlungen an Lieferanten		
./. Zahlungen übriger Aufwand	–200	
Geldfluss aus Investitionstätigkeit		
./. Kauf Sachanlagen	–47	
Geldfluss aus Finanzierungstätigkeit		
./. Erhöhung Finanzverbindlichkeiten	29	
./. Dividendenauszahlung	–14	15
=		

Erfolgsrechnung 20_2

Fabrikateertrag (Produktionserlös)	400
+ Bestandesänderung Erzeugnisse	4
+ Ertrag aktivierte Eigenleistungen	3
= **Produktionsertrag**	**407**
./. Materialaufwand	–150
./. Abschreibungen	–40
./. Übriger Aufwand (= Ausgaben)	–200
= **Gewinn**	**17**

Geldfluss aus Betriebstätigkeit (indirekt) 20_2

Gewinn	17
+ Abschreibungen	40
./. Zunahme Forderung L+L	–10
./. Zunahme Materialvorrat	–8
+ Zunahme Verbindlichkeiten L+L	5
= **Operativer Cashflow**	

Geldflussrechnung: Vertiefung 3

3.12

Die **Rotorua AG** ist ein Produktionsbetrieb im Technologiebereich. Erstellen Sie die Schlussbilanz, die Erfolgsrechnung und die Geldflussrechnung mit indirektem Nachweis des Geldflusses aus Betriebstätigkeit. Der operative Cashflow ist in einer separaten Rechnung direkt nachzuweisen.

Bilanzen

Aktiven	1.1.	31.12.	Passiven	1.1.	31.12.
Flüssige Mittel	14		Verbindlichkeiten L+L (Materiallieferanten)	40	
Forderungen L+L (Kunden)	55		Passive Rechnungsabgrenzung (Zinsen)	3	
Materialvorrat	33		Langfristige Finanzverbindlichkeiten	130	
Unfertige und fertige Erzeugnisse	28		Rückstellungen	18	
Sachanlagen	350		Aktienkapital	100	
./. Wertberichtigung Sachanlagen	– 130	– 155	Kapitalreserven	10	
			Gewinnreserven	49	39
	350			350	

Nr.	Geschäftsfall	Betrag
1	Fabrikateertrag (Produktionserlös, Verkaufserlös)	400
2	Abnahme Forderungen aus Lieferungen und Leistungen	9
3	Material*einkäufe* auf Kredit	164
4	Zunahme Verbindlichkeiten aus Lieferungen und Leistungen (Materiallieferanten)	6
5	Zunahme Materialvorrat	14
6	Zunahme Vorrat an unfertigen und fertigen Erzeugnissen	10
7	Zinsaufwand	8
8	Abnahme passive Rechnungsabgrenzung für aufgelaufene Zinsen	1
9	Abschreibungen Sachanlagen	40
10	Bildung von Rückstellungen	12
11	Auflösung von Rückstellungen	3
12	Zahlung zulasten der Rückstellungen (Verwendung)	2
13	Übriger Aufwand (= Ausgabe)	210
14	Rückzahlung eines Darlehens	30
15	Einnahme aus Verkauf von Sachanlagen (Buchwert 5)	8
16	Barkauf von Sachanlagen	70
17	Aktienkapitalerhöhung nominal (Barliberierung)	50
18	Agio bei Aktienkapitalerhöhung	15
19	Dividendenausschüttung (Ausgabe)	?

Geldflussrechnung: Vertiefung 3

3.13

Beurteilen Sie aufgrund von Swiss GAAP FER 4, ob die Aussagen richtig oder falsch sind (ankreuzen).

Nr.	Aussage	Richtig	Falsch
1	Falls bei der Berechnung des Geldflusses aus Betriebstätigkeit die direkte Methode angewandt wird, muss im Anhang eine Überleitungsrechnung vom Gewinn auf den Cashflow abgebildet werden.	X	
2	Nichtliquiditätswirksame Vorgänge aus dem Finanzierungs- und Investitionsbereich (so genannte «Non-cash Transactions») sind in der Geldflussrechnung doppelt aufzuführen. Zum Beispiel wird eine Aktienkapitalerhöhung durch Sacheinlage einerseits als Finanzierung (Aktienkapitalerhöhung) und anderseits als Investition (Zugang der Sachanlage) dargestellt.		X
3	Die Zusammensetzung des Fonds ist aufzuzeigen.	X	
4	Zu den netto-flüssigen Mitteln zählen das Bargeld, die Sichtguthaben bei den Banken sowie geldnahe Mittel abzüglich d~~as kurzfristige Fremdkapital~~. *Korrekt: Benkkonto*		X
5	Bei der Überleitungsrechnung vom Periodenergebnis auf den Geldfluss aus Betriebstätigkeit sind die Abschreibungen zu addieren und die Zuschreibungen (erfolgswirksame Aufwertungen) zu subtrahieren.	X	
6	Kotierte Aktien gehören zu den geldnahen Mitteln.		

Geldflussrechnung: Vertiefung 3

3.14
Vervollständigen Sie die Abschlussrechnungen der Schuhfabrik **Zapato SA**.

Bilanzen

Aktiven	1.1.	31.12.	Passiven	1.1.	31.12.
Flüssige Mittel	15	10	Verbindlichkeiten L+L (Materiallieferanten)	42	48
Forderungen L+L (Kunden)	58		Passive Rechnungsabgrenzung (Zinsen)	3	2
Materialvorrat	30	44	Langfristige Finanzverbindlichkeiten	140	
Unfertige und fertige Erzeugnisse	20	28	Rückstellungen	17	14
Sachanlagen	330		Aktienkapital	80	
./. Wertberichtigung Sachanlagen	–110	–145	Kapitalreserven	5	
			Gewinnreserven	56	65
	343			343	

Geldflussrechnung 20_7

Geldfluss aus Betriebstätigkeit

Gewinn — 41

Geldfluss aus Investitionstätigkeit

./. Kauf Sachanlagen — –76
+ Verkauf Sachanlagen

Geldfluss aus Finanzierungstätigkeit

+ Aktienkapitalerhöhung nominal — 40
+ Agio aus Aktienkapitalerhöhung — 12
./. Rückzahlung Finanzverbindlichkeiten — –35

=

Erfolgsrechnung

Fabrikateerlös (Produktionserlös)	450
./.	
./. Materialaufwand	
./. Zinsaufwand	
./. Abschreibungen	–50
./. Bildung von Rückstellungen	–8
+ Auflösung von Rückstellungen	
./. Übriger Aufwand (= Ausgabe)	–200
+ Veräusserungsgewinn Sachanlagen	3
=	

Geldfluss aus Betriebstätigkeit

Zahlungen von Kunden	459
./. Zahlungen an Lieferanten	–168
./. Zinszahlungen	–8
= Geldfluss aus Betriebstätigkeit	

3.15

Erstellen Sie den Jahresabschluss der **NiteLite AG,** einer Produzentin von Wohn- und Bürolampen.

Eröffnungsbilanz

Umlaufvermögen		Fremdkapital	
Flüssige Mittel	20	Verbindlichkeiten L+L (Kreditoren)	45
Forderungen L+L (Debitoren)	90	Passive Rechnungsabgrenzung	5
Materialvorrat	35	Finanzverbindlichkeiten	200
Unfertige und fertige Erzeugnisse	30	Rückstellungen	20
Aktive Rechnungsabgrenzung	25	**Eigenkapital**	
		Aktienkapital	100
Anlagevermögen		Gesetzliche Kapitalreserve	10
Sachanlagen	500	Gesetzliche Gewinnreserve	35
./. WB Sachanlagen	– 200	Freiwillige Gewinnreserven	85
	500		500

Geschäftsfälle der Rechnungsperiode

Nr.	Geschäftsfall	Betrag
1	Fabrikateerlös (Produktionserlös) aus Kreditverkäufen	600
2	Zunahme unfertige und fertige Erzeugnisse (Fabrikatevorrat)	9
3	Abnahme Forderungen aus Lieferungen und Leistungen	6
4	Materialaufwand	210
5	Zunahme Materialvorrat	4
6	Zunahme Verbindlichkeiten aus Lieferung und Leistung	7
7	Raumaufwand	54
8	Zunahme vorausbezahlte Mietzinse	3
9	Zinsaufwand	13
10	Zunahme aufgelaufene Kapitalzinsen	2
11	Bildung von Rückstellungen	11
12	Auflösung von Rückstellungen	8
13	Verwendung von Rückstellungen (Zahlungen)	4
14	Abschreibungen	50
15	Diverser Betriebsaufwand (= Ausgaben)	240
16	Steueraufwand (= Ausgaben)	9
17	Barkäufe Sachanlagen	30
18	Barerlös aus dem Verkauf eines Fahrzeugs	18
19	Anschaffungswert des verkauften Fahrzeugs	40
20	Veräusserungsgewinn aus Fahrzeugverkauf	1
21	Rückzahlung eines Passivdarlehens	22
22	Aktienkapitalerhöhung (Liberierung durch Sacheinlage)	50
23	Agio aus der Aktienkapitalerhöhung (Liberierung durch Sacheinlage)	25
24	Zuweisung an die gesetzliche Gewinnreserve	3
25	Dividendenauszahlung	18

Geldflussrechnung: Vertiefung — 3 Aufgabe 15

Geldflussrechnung

Geldfluss aus

  Gewinn

Erfolgsrechnung

= **Produktionsertrag**

./. Bildung Rückstellungen — 11

= **EBIT**

= **Gewinn**

Cashflow direkt

Schlussbilanz

Umlaufvermögen		Fremdkapital	
Flüssige Mittel		Verbindlichkeiten L+L (Kreditoren)	
Forderungen L+L (Debitoren)		Passive Rechnungsabgrenzung	
Materialvorrat		Finanzverbindlichkeiten	
Unfertige und fertige Erzeugnisse		Rückstellungen	
Aktive Rechnungsabgrenzung		**Eigenkapital**	
		Aktienkapital	
Anlagevermögen		Gesetzliche Kapitalreserve	
Sachanlagen		Gesetzliche Gewinnreserve	
./. WB Sachanlagen		Freiwillige Gewinnreserven	

3.16

Über das Geschäftsjahr 20_9 der **Klang AG** – einem international operierenden Unternehmen in der Musikinstrumentenindustrie – liegen folgende Informationen vor:

Eröffnungsbilanz 1.1.20_9

Aktiven		Passiven	
Flüssige Mittel	20	Verbindlichkeiten L+L	50
Forderungen L+L	110	Rechnungsabgrenzung (Zinsen)	3
Materialvorrat	30	Finanzverbindlichkeiten	270
Unfertige und fertige Erzeugnisse	60	Rückstellungen	10
Sachanlagen	600	Aktienkapital	180
./. Wertberichtigung	–200	Gewinnreserven	107
	620		620

Geschäftsfälle 20_9

Nr.	Text	Betrag
1	Fabrikateertrag (Nettoerlös aus verkauften Erzeugnissen)	700
2	Bestandesänderungen (Abnahme) unfertige und fertige Erzeugnisse	15
3	Abnahme Forderungen aus Lieferungen und Leistungen	8
4	Materialaufwand	210
5	Materialeinkäufe	219
6	Zahlungen an Materiallieferanten	230
7	Rückstellungen gemäss separatem Rückstellungsspiegel	
8	Abschreibungen	60
9	Diverser Aufwand	370
10	Zinsaufwand	13
11	Zinszahlungen (Geldfluss aus Betriebstätigkeit)	14
12	Steueraufwand (= Ausgaben)	6
13	Erlös aus Barverkauf Sachanlagen (Buchwert 15, Anschaffungswert 26)	18
14	Barkauf von Sachanlagen	80
15	Aktienkapitalerhöhung mit Agio (Barliberierung)	90
16	Rückzahlung Bankdarlehen	70
17	Dividendenauszahlung	26

Rückstellungsspiegel 20_9

Text	Betrag
Anfangsbestand per 1.1.20_9	10
+ Bildung neuer Rückstellungen über diversen Aufwand	4
./. Auflösung nicht mehr notwendiger Rückstellungen über diversen Aufwand	–3
./. Verwendung von Rückstellungen durch Bankzahlungen	–5
= Schlussbestand per 31.12.20_9	6

Erstellen Sie die Rechnungen gemäss Lösungshilfe.

Geldflussrechnung: Vertiefung — Aufgabe 16

Geldflussrechnung 20_9

Geldfluss aus Betriebstätigkeit (indirekt)

Geldfluss

Geldfluss

=

Erfolgsrechnung 20_9

Fabrikateertrag (Verkaufserlös)

= **Produktionsertrag**

= **EBIT**

= **Gewinn**

Geldfluss aus Betriebstätigkeit (direkt)

= **Geldfluss aus Betriebstätigkeit**

Schlussbilanz 31.12.20_9

Aktiven		Passiven	
Flüssige Mittel		Verbindlichkeiten L+L	
Forderungen L+L		Rechnungsabgrenzung Zinsen	
Materialvorrat		Finanzverbindlichkeiten	
Unfertige und fertige Erzeugnisse		Rückstellungen	
Sachanlagen		Aktienkapital	240
./. Wertberichtigung		Kapitalreserven	
		Gewinnreserven	

3.17

Die **Bio Cosmetic AG** produziert Kosmetikartikel zur Haut-, Haar- und Zahnpflege. Es liegen diese Informationen vor:

Schlussbilanzen

	20_5	20_6		20_5	20_6
Umlaufvermögen			**Fremdkapital**		
Flüssige Mittel	17	27	Verbindlichkeiten L+L (Kreditoren)	34	40
Forderungen L+L (Debitoren)	80	88	Passive Rechnungsabgrenzung	3	2
Materialvorrat	28	32	Finanzverbindlichkeiten	110	96
Unfertige und fertige Erzeugnisse	14	11	Rückstellungen	9	12
Anlagevermögen			**Eigenkapital**		
Sachanlagen	280	330	Aktienkapital	70	95
./. WB mobile Sachanlagen	– 130	– 160	Kapitalreserven	10	25
			Gewinnreserven	53	58
	289	328		289	328

Erfolgsrechnung 20_6

Fabrikateertrag (Erlös aus dem Verkauf von Erzeugnissen)	400
./. Bestandesänderung unfertige und fertige Erzeugnisse	– 3
+ Aktivierte Eigenleistungen	1
= Produktionsertrag	**398**
./. Materialaufwand	– 100
./. Abschreibungen	– 40
./. Diverser Betriebsaufwand	– 223
+ Gewinn aus Veräusserung von Sachanlagen	2
= EBIT	**37**
./. Zinsaufwand	– 5
./. Steueraufwand (= Ausgaben)	– 6
= Gewinn	**26**

▷ Die Forderungen und Verbindlichkeiten aus Lieferungen und Leistungen entstanden aus Fabrikateverkäufen bzw. Materialeinkäufen.
▷ Die Veränderung der Rechnungsabgrenzung betrifft aufgelaufene Zinsen.
▷ Die Bildung von Rückstellungen von 11 und die Auflösung von 2 wurden über diversen Betriebsaufwand verbucht. Die Verwendung erfolgte durch Bankzahlung.
▷ Alle Käufe und Verkäufe von Sachanlagen erfolgten bar. Der Buchwert der verkauften Sachanlagen betrug 7. Vereinfachend ist davon auszugehen, dass alle aktivierten Eigenleistungen Ausgaben verursachten.
▷ Die Aktienkapitalerhöhung wurde von den Aktionären mittels Sacheinlagen liberiert.

Erstellen Sie die Geldflussrechnung für das Jahr 20_6. Der Geldfluss aus Betriebstätigkeit ist in der Geldflussrechnung direkt und in einer separaten Rechnung indirekt auszuweisen. Als zusätzliche Lösungshilfen dienen ein paar ausgewählte Konten.

Geldflussrechnung: Vertiefung — 3 Aufgabe 17

Unfertige und fertige Erzeugnisse

Anfangsbestand	14	Schlussbestand	11

Sachanlagen

Wertberichtigung Sachanlagen

Rückstellungen

Diverser Betriebsaufwand

Geldflussrechnung

Geldfluss aus Betriebstätigkeit

Geldfluss aus Investitionstätigkeit
./. Kauf Sachanlagen
./. Aktivierte Eigenleistungen

Geldfluss aus Finanzierungstätigkeit

=

Geldfluss aus Betriebstätigkeit (indirekt)

= **Geldfluss aus Betriebstätigkeit**

3.18

Lösen Sie die Aufgaben zum Detailhandelsbetrieb **Bilo AG**. Als Fondstypus sind die **nettoflüssigen Mittel** zu verwenden.

▷ Zeigen Sie die Zusammensetzung des Fonds am Anfang und am Ende der Periode auf.
▷ Erstellen Sie die Geldflussrechnung mit direktem Nachweis des Geldflusses aus Betriebstätigkeit.
▷ Gesondert von der Geldflussrechnung ist eine Überleitungsrechnung vom Gewinn auf den Cashflow aus Betriebstätigkeit aufzustellen.

Es liegen diese Informationen vor:

Schlussbilanzen per 31. 12.

Aktiven	20_5	20_6	Passiven	20_5	20_6
Kasse	2	1	Bank-Kontokorrent	8	14
Post	4	3	Verbindlichkeiten L+L	88	97
Forderungen L+L	130	134	Aufgelaufene Zinsen (PRA)	2	3
Vorausbezahlte Mietzinse (ARA)	12	14	Bankdarlehen	290	320
Warenvorrat	85	90	Rückstellungen	15	17
Sachanlagen	600	750	Aktienkapital	120	160
./. WB Sachanlagen	−230	−280	Kapitalreserven	15	23
			Gewinnreserven	65	78
	603	712		603	712

Erfolgsrechnung 20_6

	Warenertrag	1 500
./.	Warenaufwand	− 1 000
=	**Bruttogewinn**	**500**
./.	Raumaufwand	− 70
./.	Abschreibungen	− 60
./.	Bildung von Rückstellungen	− 9
+	Auflösung von Rückstellungen	3
./.	Übriger Aufwand (= Ausgaben)	− 300
+	Gewinn aus Veräusserung von Sachanlagen	3
=	**EBIT**	**67**
./.	Zinsaufwand	− 14
./.	Steueraufwand (= Ausgaben)	− 9
=	**Gewinn**	**44**

Zusätzliche Angaben zum Jahr 20_6

▷ Die Aktienkapitalerhöhung wurde von den Aktionären bar liberiert.
▷ In der Rechnungsperiode wurden Sachanlagen bar verkauft, die einen Buchwert von 26 aufwiesen.
▷ Die Verwendung von Rückstellungen erfolgte durch Bankzahlung.

Geldflussrechnung: Vertiefung

3 Aufgabe 18

Netto-flüssige Mittel

	31.12.20_5	31.12.20_6	Veränderung
Kasse			
+ Post			
./. Bank-Kontokorrent			
= **Netto-flüssige Mittel**			

Geldflussrechnung 20_6

Geldfluss aus Betriebstätigkeit

Geldfluss aus Investitionstätigkeit

Geldfluss aus Finanzierungstätigkeit

Abnahme netto-flüssige Mittel

Cashflow indirekt 20_6

3.19

Von der **Perdita SA** liegen die Schlussbilanzen und die Erfolgsrechnung sowie einige Zusatzangaben vor.

Schlussbilanzen

	20_1	20_2		20_1	20_2
Umlaufvermögen			**Fremdkapital**		
Flüssige Mittel	16	9	Verbindlichkeiten L+L	60	66
Forderungen L+L	90	98	Passive Rechnungsabgrenzung	3	1
./. Delkredere (WB Forderungen)	– 4	– 5	Finanzverbindlichkeiten	140	105
Aktive Rechnungsabgrenzung	2	3	Rückstellungen	11	15
Warenvorrat	57	60	**Eigenkapital**		
Anlagevermögen			Aktienkapital	100	120
Sachanlagen	350	370	Gesetzliche Kapitalreserve	8	18
./. Wertberichtigung Sachanlagen	– 120	– 140	Gesetzliche Gewinnreserve	27	29
			Freiwillige Gewinnreserven	42	41
	391	395		391	395

Erfolgsrechnung 20_6

Bruttoerlös aus L+L (fakturierter Warenertrag)	907
./. Debitorenverluste (Verluste Forderungen)	– 6
./. Anpassung Delkredere (WB Forderungen)	– 1
= **Nettoerlös aus L+L**	**900**
./. Warenaufwand	– 600
= **Bruttogewinn**	**300**
./. Personalaufwand (bar)	– 130
./. Raumaufwand	– 60
./. Abschreibungen	– 28
./. Übriger Betriebsaufwand	– 54
+ Gewinn aus Veräusserung von Sachanlagen	3
= **EBIT**	**31**
./. Zinsaufwand	– 7
./. Steueraufwand (bar)	– 4
= **Gewinn**	**20**

▷ Die Forderungen und Verbindlichkeiten aus Lieferungen und Leistungen betreffen Käufe und Verkäufe von Waren.
▷ Infolge Zahlungsunfähigkeit eines Kunden musste eine Forderung aus Lieferungen und Leistungen von 6 abgeschrieben werden.
▷ Die Rechnungsabgrenzungen bestehen aus aufgelaufenen Zinsen und vorausbezahlten Mietzinsen.
▷ Im übrigen Betriebsaufwand erfasst wurden die Bildung einer Rückstellung von 7 und die Auflösung einer Rückstellung von 2.
▷ Eine Sachanlage mit einem Buchwert von 10 wurde bar verkauft.
▷ Die Aktienkapitalerhöhung mit Aufgeld (Agio) sowie die Dividendenausschüttung erfolgten bar.

Geldflussrechnung: Vertiefung — 3 — Aufgabe 19

Führen Sie die beiden Konten.

Forderungen aus Lieferungen und Leistungen

Delkredere (Wertberichtigung Forderungen)

Erstellen Sie die Geldflussrechnung mit direktem Ausweis des Geldflusses aus Geschäftstätigkeit. Ergänzend ist der operative Cashflow indirekt nachzuweisen.

Geldflussrechnung 20_2

Geldfluss aus Geschäftstätigkeit

Geldfluss aus Investitionstätigkeit

Geldfluss aus Finanzierungstätigkeit

= Abnahme flüssige Mittel

Operativer Cashflow indirekt 20_2

= Geldfluss aus Geschäftstätigkeit

3.20

Die **Repetitio AG** ist ein Fabrikationsbetrieb für Solartechnologie. Es liegen folgende Informationen vor:

Schlussbilanzen

	20_4	20_5
Umlaufvermögen		
Flüssige Mittel	17	32
Forderungen L+L	70	75
./. WB Forderungen L+L	– 3	– 4
Materialvorrat	30	27
Unfertige und fertige Erzeugnisse	21	28
Rechnungsabgrenzung	1	3
Anlagevermögen		
Sachanlagen	330	360
./. WB Sachanlagen	– 120	– 150
	346	371

	20_4	20_5
Kurzfristige Verbindlichkeiten		
Verbindlichkeiten L+L	41	35
Rechnungsabgrenzung	3	2
Langfristige Verbindlichkeiten		
Finanzverbindlichkeiten	110	97
Rückstellungen	11	15
Eigenkapital		
Aktienkapital	100	120
Kapitalreserven	14	22
Gewinnreserven	67	80
	346	371

Erfolgsrechnung 20_5

Bruttoerlös (fakturierter Verkaufsertrag)	606
./. Debitorenverluste (Verluste Forderungen)	– 5
./. Anpassung Delkredere (WB Forderungen)	– 1
= **Nettoerlös aus dem Verkauf von Erzeugnissen**	**600**
+ Bestandesänderung Erzeugnisse	7
= **Produktionsertrag**	**607**
./. Materialaufwand	– 160
./. Raumaufwand	– 50
./. Abschreibungen	– 40
./. Bildung Rückstellungen	– 8
+ Auflösung Rückstellungen	1
./. Sonstiger Betriebsaufwand (= Ausgaben)	– 290
+ Veräusserungsgewinn	4
= **EBIT**	**64**
./. Zinsaufwand	– 6
./. Ertragssteuern (= Ausgaben)	– 11
= **Gewinn**	**47**

Geldflussrechnung: Vertiefung — 3 — Aufgabe 20

Zusatzinformationen

▷ Die Forderungen und Verbindlichkeiten aus Lieferungen und Leistungen beziehen sich auf Verkäufe von Erzeugnissen und Einkäufe von Material.
▷ Eine Kundenforderung von 5 musste abgeschrieben werden.
▷ Sachanlagen im Buchwert von 8 wurden bar veräussert. Die Käufe erfolgten gegen bar.
▷ Die Rechnungsabgrenzungen betreffen aufgelaufene Kapitalzinsen und vorausbezahlten Mietaufwand.
▷ Die Aktienkapitalerhöhung mit Agio wurde mittels Sacheinlagen liberiert.
▷ Die Dividendenausschüttung erfolgte durch Bankzahlung.

Vervollständigen Sie die Lösungshilfen.

Forderungen aus Lieferungen und Leistungen

Anfangsbestand

Rückstellungsspiegel

Anfangsbestand

= Schlussbestand

Sachanlagen

Verkauf von Sachanlagen

Anschaffungswert

= Buchwert

= Verkaufserlös

Wertberichtigung Sachanlagen

Raumaufwand

Raumaufwand

= Zahlungen für Raumaufwand

Gewinnreserven

Kapitalzinsen

Zinsaufwand

= Zinszahlungen

Geldflussrechnung: Vertiefung

3 Aufgabe 20

Erstellen Sie die Geldflussrechnung. Der Geldfluss aus Betriebstätigkeit ist in der Geldflussrechnung indirekt und in einer Nebenrechnung direkt auszuweisen.

Geldflussrechnung

Geldfluss aus Betriebstätigkeit

Geldfluss aus Investitionstätigkeit

Geldfluss aus Finanzierungstätigkeit

=

Cashflow direkt

= **Geldfluss aus Betriebstätigkeit**

3.21 Reverse Ltd. – Erfolgsrechnung und Schlussbilanz

Erfolgsrechnung 20_1

Aufwand		Ertrag	
Warenaufwand	1 148	Warenertrag	1 808
Personalaufwand	382	Veräusserungsgewinn Fahrzeug	4
Zinsaufwand	10		
Übriger Aufwand	130		
Abschreibungen Sachanlagen	90		
Gewinn	52		
Total	**1 812**	**Total**	**1 812**

Schlussbilanz 31. 12. 20_1

Aktiven			Passiven		
Umlaufvermögen			**Fremdkapital**		
Flüssige Mittel	60		Kreditoren	124	
Debitoren	114		Passive Rechnungsabgrenzung	12	
Aktive Rechnungsabgrenzung	4		Hypotheken	300	436
Warenvorrat	124	302	**Eigenkapital**		
Anlagevermögen			Aktienkapital	280	
Sachanlagen	1 080		Kapitalreserven	110	
./. Wertberichtigung	−294	786	Gewinnreserven	262	652
		1 088			1 088

Nebenrechnungen

- Warenertrag: 1 820 − 12 (Abnahme Debitoren) = 1 808
- Warenaufwand: 1 160 (Zahlungen) − 28 (Abnahme Kreditoren) + 16 (Abnahme Warenvorrat) = 1 148
- Personalaufwand: 376 + 6 (Zunahme aufgelaufene Ferienguthaben) = 382
- Zinsaufwand: 12 − 2 (Abnahme aufgelaufener Zinsaufwand) = 10
- Übriger Aufwand: 132 − 2 (Zunahme vorausbez. Aufwand) = 130
- Sachanlagen brutto: 800 + 180 + 120 − 20 (Abgang Fahrzeug) = 1 080
- Wertberichtigung: 220 + 90 − 16 = 294

3.22

In der Ausgangslage sind die Erfolgsrechnung sowie zusätzliche Informationen gegeben:

Erfolgsrechnung

	Warenertrag	300
./	Warenaufwand	– 180
./	Abschreibungen	– 30
./	Diverser Aufwand	– 61
=	**EBIT**	**29**
./	Zinsaufwand	– 9
./	Gewinnsteueraufwand	– 5
=	**Gewinn**	**15**

Zusätzliche Informationen

▷ Abnahme Debitoren	10
▷ Abnahme Kreditoren	8
▷ Abnahme Warenvorrat	7
▷ Abnahme aufgelaufene Zinsen (passive Rechnungsabgrenzung)	2
▷ Zunahme aufgelaufene Steuern (passive Rechnungsabgrenzung)	1

Berechnen Sie den Cashflow auf drei Arten:
▷ Direkte Methode
▷ Indirekte Methode: mit Gewinn beginnen
▷ Indirekte Methode: mit EBIT beginnen

Cashflow direkt

= Cashflow

Cashflow indirekt: Variante Gewinn

Gewinn

= Cashflow

Cashflow indirekt: Variante EBIT

EBIT

= Cashflow

3.23

Die **Engineering AG** wird buchhalterisch in zwei Bereiche aufgeteilt:
▷ Als Hauptbetrieb werden Planungen und Bauführungen im Hoch- und Tiefbau durchgeführt.
▷ Als Nebenbetrieb erfasst wird die Geschäftsliegenschaft, deren Räumlichkeiten an die Engineering AG und an Dritte vermietet werden.

Geldflussrechnung: Vertiefung

3 Aufgabe 23

Über das Geschäftsjahr 20_8 liegt die Erfolgsrechnung vor. Ausserdem ist bekannt, dass die Forderungen aus Lieferungen und Leistungen um 2 abgenommen und die von Dritten vorausbezahlten Mietzinse um 1 zugenommen haben.

Erfolgsrechnung 20_8

	Honorarertrag	54
+	Bestandesänderung angefangene Arbeiten	3
./.	Personalaufwand (= Ausgaben)	– 26
./.	Verrechneter Mietaufwand (Eigenmiete)	– 11
./.	Abschreibungen	– 8
./.	Bildung von Rückstellungen	– 1
./.	Übriger Betriebsaufwand (= Ausgaben)	– 5
=	**Gewinn Hauptbetrieb**	**6**
+	Mietertrag von Dritten	16
+	Verrechneter Mietertrag (Eigenmiete)	11
./.	Hypothekarzinsen (= Ausgaben)	– 10
./.	Abschreibung Liegenschaft	– 9
./.	Übriger Liegenschaftsaufwand (= Ausgaben)	– 3
=	**Gewinn Nebenbetrieb**	**5**
=	**Unternehmensgewinn**	**11**

Berechnen Sie den Geldfluss aus Betriebstätigkeit zweistufig nach der direkten und der indirekten Methode.

Direkte Cashflow-Berechnung 20_8

= Cashflow Hauptbetrieb

= Cashflow Nebenbetrieb
= Cashflow Unternehmung

Indirekte Cashflow-Berechnung 20_8

= Cashflow Hauptbetrieb

= Cashflow Nebenbetrieb
= Cashflow Unternehmung

3.24

The opening balance sheet of a **Trading Company** reads as follows:

Balance sheet at beginning of period

Assets			Liabilities and equity	
Current assets			**Liabilities**	
Cash and cash equivalents	30		Accounts payable	160
Accounts receivable	130		Mortgage	180	340
Inventory	140	300		
Fixed assets			**Equity**	
Equipment*	45		Share capital	200
Vehicles*	25		Share premium	20
Real estate*	300	370	Retained earnings	110	330
		670			670

* In practice often summarized under Property, Plant and Equipment (PPE).

The company's condensed business transactions affecting income or cash are:

Transactions

#	Description	Amount
1	Net Sales (to customers, on credit) = Revenue	900
2	Cost of merchandise sold	600
3	Cash collections from customers	920
4	Purchase of merchandise on credit	630
5	Cash payments to suppliers	640
6	Personnel expenses = Cash payments to employees	200
7	Cash paymens for interest expenses	11
8	Other cash expenses	60
9	Depreciation on equipment	9
10	Depreciation on vehicles	7
11	Cash payment for purchase of equipment	29
12	Proceeds (= cash inflows) from sale of land (at book value)	60
13	Dividends paid	32
14	Repayment of mortgage (= cash outflow)	15
15	Issue of share capital (nominal amount 40, share premium 10), cash contribution	50

Make out the following closing statements:
▷ Income statement
▷ Cash flow statement (using the direct method for reporting cash flows from operations)
▷ Indirect calculation of cash flows from operations (reconciliation of net income with cash flow)
▷ Balance sheet at end of period

Geldflussrechnung: Vertiefung — **3** Aufgabe 24

Cash flow statement

Cash flows from operating activities

Cash flows from investing activities

Cash flows from financing acitivities

Net increase/decrease in cash and cash equivalents

Income statement

Net income (profit)

Operating cash flow (indirect)

Differences between net income and cash flow (reconciliation)

Decrease in

Decrease in

Increase in

Cash flows from operating activities

Balance sheet at end of period

Assets | Liabilities and equity

Current assets

Fixed assets

Liabilities

Equity

Finanzplanung

4.01

Die **Dingsbums AG** handelt mit Werbeartikeln, Geschenken und Spielwaren.

Teilaufgabe 1   **Jahresrechnung 20_1**

Die Bilanz zeigt eine markante Verschlechterung der Zahlungsbereitschaft. In einem ersten Schritt sollen mithilfe einer Geldflussrechnung die Ursachen für die vergangenen Liquiditätsveränderungen aufgedeckt werden. Nebst den in Bilanz und Erfolgsrechnung verfügbaren Informationen ist bekannt, dass ein Fahrzeug zum Buchwert von 9 bar verkauft wurde.

Teilaufgabe 2   **Budget 20_2**

Zur Verbesserung der Ertragslage und zur Gesundung der Zahlungsbereitschaft fasst die Geschäftleitung die folgenden Massnahmen ins Auge. Erstellen Sie das entsprechende Budget für das Jahr 20_2.

▷ Durch Preissenkungen von durchschnittlich 2% und Werbemassnahmen im Umfang von 30 (Aufwand und Ausgabe) soll eine mengenmässige Umsatzsteigerung von 20% erreicht werden.

▷ Die den Kunden gewährte Zahlungsfrist von 30 Tagen wird oft nicht eingehalten. Durch geeignete Massnahmen soll das Zahlungsverhalten der Kunden verbessert werden, sodass per Ende 20_2 noch Rechnungen von 12,5% des Jahresumsatzes offen sind.

▷ Es ist davon auszugehen, dass die Einkaufspreise für die Waren wegen günstiger Wechselkurseffekte tendenziell abnehmen, was den Warenaufwand um etwa 5% beeinflussen dürfte.

▷ Dank tieferer Einstandspreise und mithilfe einer Lageranalyse soll der Warenvorrat bis Ende 20_2 auf 100 gesenkt werden.

▷ Durch die hohen Kreditorenausstände entstanden in der Vergangenheit Probleme mit Lieferanten. Das eigene Zahlungsverhalten soll deshalb verbessert werden. Per Ende 20_2 ist ein Kreditorenbestand von 120% des Warenvorrats anzustreben.

▷ Da es sich bei den Angestellten mehrheitlich um langjährige, verdiente Mitarbeiter handelt, wird eine Lohnerhöhung von 2% gewährt. Ausserdem wird das Verkaufsteam verstärkt, was zusätzlichen Lohnaufwand von 15 verursacht.

▷ Zur Stärkung der Eigenkapitalbasis konnte ein neuer Aktionär gewonnen werden, der Mitte Jahr eine Aktienkapitalerhöhung von nominal 30 mit einem Agio von 30% durch Bareinzahlung leisten wird. Gleichzeitig ist die Rückzahlung von zu 5% verzinslichem Fremdkapital in der Höhe von 40 geplant (Zinstermine Mitte und Ende Jahr).

▷ Der zunächst geplante Ersatz von Informatik- und Kommunikationsanlagen für 32 wird aufs Jahr 20_3 verschoben. Hingegen muss zur Verbesserung des Kundenauftritts der Ausstellungsraum neu ausgestattet werden, was Ausgaben von 35 verursachen wird. Der ursprünglich vorgesehene Kauf eines Lieferwagens für 51 wird durch ein (nicht zu bilanzierendes) Leasing ersetzt, was im Jahr 20_2 zu Leasingaufwand bzw. Leasingausgaben von jährlich 10 führt. Die Abschreibungen werden mit 60 angesetzt.

▷ Nicht mehr benötigte Sachanlagen sollen zum Buchwert von 8 bar verkauft werden.

▷ Zur Schonung der Liquidität soll die Dividendenauszahlung auf 9 vermindert werden. Die Zuweisung an die gesetzliche Gewinnreserve wird mit 2 festgesetzt.

Finanzplanung — Aufgabe 01

Schlussbilanzen

Aktiven	20_0 (Ist)	20_1 (Ist)	20_2 (Budget)
Flüssige Mittel	30	5	
Debitoren (Forderungen L+L)	150	170	
Warenvorräte	110	120	
Sachanlagen	230	245	
	520	540	

Passiven	20_0 (Ist)	20_1 (Ist)	20_2 (Budget)
Kreditoren (Verbindlichkeiten L+L)	160	166	
Diverses Fremdkapital	120	140	
Aktienkapital	150	150	
Gesetzliche Kapitalreserve	0	0	
Gesetzliche Gewinnreserve	50	52	
Freiwillige Gewinnreserven	40	32	
	520	540	

Erfolgsrechnungen

	20_1 (Ist)	20_2 (Budget)
Warenertrag	1 000	
./. Warenaufwand	– 600	
./. Personalaufwand (= Ausgaben)	– 200	
./. Abschreibungen	– 40	
./. Zinsaufwand (= Ausgaben)	– 10	
./. Übriger Aufwand (= Ausgaben)	– 140	
= **Gewinn**	10	

Geldflussrechnungen

	20_1 (Ist)	20_2 (Budget)
Zahlungen von Kunden		
./. Zahlungen an Lieferanten		
./. Zahlungen ans Personal		
./. Zahlungen für Zinsen		
./. Zahlungen für übrigen Aufwand		
= **Cashflow**		
./. Investitionen		
+ Desinvestitionen		
= **Free Cashflow**		
+ Aussenfinanzierung		
./. Definanzierung		
./. Gewinnausschüttung		
= **Veränderung flüssige Mittel**		

Finanzplanung

4.02

Die **Pussycat AG** betreibt einen Grosshandel mit Artikeln für Haustiere.

Erstellen Sie die Gesamtpläne für die Jahre 20_1 bis 20_3.

Nebst den bereits in den Lösungshilfen eingetragenen Zahlen stehen folgende Informationen zur Verfügung (die Anzahl Hilfszeilen in den Lösungshilfen muss nicht der Musterlösung entsprechen):

▷ Die geplante Bruttogewinnmarge beträgt 30% (für 20_1), 28% (für 20_2) bzw. 24% (für 20_3).

▷ Die seit langem bestehenden Finanzschulden werden per 30. April 20_2 (das ist einer der beiden halbjährlichen Zinstermine) um 100 zurückbezahlt. Der Zinsfuss bleibt konstant.

▷ Auf Ende März 20_2 ist eine Aktienkapitalerhöhung mit Barliberierung von nominal 50 mit einem Agio von 20% vorgesehen.

▷ Die Abschreibungen auf Sachanlagen erfolgen linear.

▷ Per Ende 20_3 ist die Veräusserung einer Sachanlage zum Buchwert von 30 gegen bar geplant. Der Anschaffungswert dieser Sachanlage beträgt 80.

▷ Per Anfang November 20_2 ist der Barkauf (mit Inbetriebnahme) von Sachanlagen für 70 geplant. Die voraussichtliche Nutzungsdauer beträgt fünf Jahre, der Restwert am Ende der Nutzungsdauer wird mit 10 veranschlagt.

▷ Zu vernachlässigen sind die Zinserträge auf den flüssigen Mitteln sowie alle Steuerfolgen.

Aktiven per 31. 12.

	20_0	20_1	20_2	20_3
Flüssige Mittel	30			
+ Forderungen L+L	170	180	200	260
+ Warenvorrat	140	160	190	230
+ Sachanlagen	900			
./. Wertberichtigungen Sachanlagen	− 300	− 350		
= Bilanzsumme	940			

Passiven per 31. 12.

	20_0	20_1	20_2	20_3
Verbindlichkeiten L+L	160	190	200	230
+ Aufgelaufene Zinsen	4			
+ Finanzschulden	400			
+ Aktienkapital	250			
+ Kapitalreserven	26			
+ Gewinnreserven	100			146
= Bilanzsumme	940			

Finanzplanung — Aufgabe 02

Plan-Erfolgsrechnungen

	20_1	20_2	20_3
Warenertrag	1 800	2 000	2 500
./. Warenaufwand	– 1 260	– 1 440	
./. Zinsaufwand			
./. Abschreibungen			
./. Diverser Baraufwand	– 410	– 423	– 440
= Gewinn			

Plan-Geldflussrechnungen (Finanzpläne)

	20_1	20_2	20_3
Zahlungen von Kunden			
./. Zahlungen für Zinsen			
./. Zahlungen für diversen Aufwand	– 410	– 423	– 440
= Cashflow			
= Free Cashflow			
./. Gewinnausschüttung	– 45	– 50	
= Veränderung flüssige Mittel			

Finanzplanung

4.03

Erstellen Sie die Gesamtpläne für die **Tresaños SA** aufgrund der folgenden Angaben:

▷ Die Abschreibungen sind linear vorzunehmen.

▷ Auf Anfang April 20_2 ist die Inbetriebnahme eines neuen Lastwagens geplant. Der Kaufpreis beträgt 140, die Nutzungsdauer 5 Jahre und der voraussichtliche Restwert am Ende der Nutzungsdauer 20.

▷ Auf 30. 9. 20_3 (dem jährlichen Zinstermin) ist eine Rückzahlung der Hypothek um 100 einzuplanen. Es ist mit einem konstanten Zinsfuss über alle Perioden zu rechnen.

▷ Im April 20_2 ist eine Aktienkapitalerhöhung mit Barliberierung von 50 mit einem Agio von 30% vorgesehen.

▷ Die Dividendenauszahlung von konstant 10% erfolgt jeweils nach der Generalversammlung im April.

▷ Die Zinserträge auf den flüssigen Mitteln sowie alle Steuerfolgen sind der Einfachheit halber zu vernachlässigen.

(Plan-)Schlussbilanzen per 31. 12.

	20_0 Aktiven	Passiven	20_1 Aktiven	Passiven	20_2 Aktiven	Passiven	20_3 Aktiven	Passiven
Flüssige Mittel	20							
Debitoren	200		230		250		290	
Warenvorrat	110		115		140		150	
Sachanlagen	600		540					
Kreditoren		137		150		165		169
Aufgelaufener Hypothekarzins		3						
Hypothek		300						
Aktienkapital		350						
Kapitalreserven		30						
Gewinnreserven		110						
	930	930						

Finanzplanung — Aufgabe 03

Plan-Erfolgsrechnungen

	20_1	20_2	20_3
Verkaufsertrag	2 000	2 200	2 500
./. Warenaufwand	– 1 100	– 1 200	– 1 450
./. Personalaufwand (= Ausgaben)	– 400	– 425	– 440
./. Zinsaufwand			
./. Abschreibungen			
./. Übriger Aufwand (= Ausgaben)	– 390	– 419	– 427
= Gewinn			

Plan-Geldflussrechnungen

	20_1	20_2	20_3
./.			
./. Zahlungen ans Personal			
./.			
./. Zahlungen für übrigen Aufwand			
= Operativer Cashflow			
./.			
= Free Cashflow			
+			
./.			
./.			
=			

4.04

Das Möbelzentrum **CasaNova AG** vermittelt Leidenschaft und Freude am schönen Wohnen: mit kompromissloser Qualität, fundierter Beratung, erstklassigem Service und der grössten Auswahl.

Vervollständigen Sie die Gesamtpläne für die Jahre 20_1 bis 20_3 mithilfe dieser Angaben:

▷ Die geplante Bruttogewinnmarge beträgt 35% (20_1 und 20_2). Um die Absatzmengen und die Marktanteile weiter zu erhöhen, sollen die Verkaufspreise 20_3 gesenkt werden, sodass die Bruttogewinnmarge nur noch 30% beträgt.

▷ Die höheren Umsätze führen zu steigenden Kundenforderungen, Warenvorräten und Lieferantenverbindlichkeiten.

▷ Im Herbst 20_2 ist der Barkauf von Sachanlagen für 94 geplant. Die Inbetriebnahme erfolgt Anfang November 20_2. Die Nutzungsdauer beträgt voraussichtlich sieben Jahre, der Restwert am Ende der Nutzungsdauer 10. In den Jahren 20_1 und 20_3 sind keine Investitionen geplant.

▷ Desinvestitionen sind keine geplant.

▷ Die Abschreibungen erfolgen linear; innerhalb eines Jahres sind sie pro rata temporis (zeitanteilig) vorzunehmen.

▷ Die passive Rechnungsabgrenzung besteht einzig aus aufgelaufenen Zinsen auf den Finanzverbindlichkeiten, die jährlich am 30.08. verzinst werden müssen.

▷ Am 31.08.20_2 müssen die Finanzverbindlichkeiten um 20 zurückbezahlt werden. Ab diesem Datum ist neu mit einem Zinsfuss von 3% p.a. zu rechnen.

▷ Auf April 20_2 ist eine Aktienkapitalerhöhung mit Barliberierung von nominal 25 mit einem Agio von 40% zu planen.

▷ Zu vernachlässigen sind die Zinserträge auf den flüssigen Mitteln sowie alle Steuerfolgen.

Aktiven per 31.12.

	20_0	20_1	20_2	20_3
Flüssige Mittel	18			
+ Forderungen L+L	50	54	59	
+ Warenvorräte	40	43	47	52
+ Sachanlagen	300			
./. Wertberichtigung Sachanlagen	–120			–224
= Bilanzsumme	288			

Finanzplanung — Aufgabe 04

Passiven per 31.12.

	20_0	20_1	20_2	20_3
Verbindlichkeiten L+L	50	54		62
+ Passive Rechnungsabgrenzung	2			
+ Finanzverbindlichkeiten	120			
+ Aktienkapital	60			
+ Kapitalreserven	0			
+ Gewinnreserven	56			65
= Bilanzsumme	288			

Plan-Erfolgsrechnungen

	20_1	20_2	20_3
Warenertrag	800	840	950
./. Warenaufwand	– 520		
./. Abschreibungen			
./. Zinsaufwand			
./. Diverser Baraufwand	– 220	– 230	– 230
= **Gewinn**			

Plan-Geldflussrechnungen

	20_1	20_2	20_3
Zahlungen von Kunden			943
./. Zahlungen an Lieferanten		– 547	
./. Zahlungen für Zinsen			
./. Zahlungen für diversen Aufwand	– 220	– 230	– 230
= **Cashflow**			
./. Investitionen			
=			
+ Aussenfinanzierung			
./. Definanzierung			
./. Gewinnausschüttung		– 20	– 18
=			

Finanzplanung

4.05

Zwei Ingenieure und eine Kauffrau gründen unter der Firma **Safety First AG** eine Aktiengesellschaft, um auf dem Gebiet der Sicherheit vor unglücksmässigen Ereignissen bei technischen Systemen (mit Schwergewicht im Bereich des Umgangs mit explosionsgefährlichen Stoffen) als Berater tätig zu sein.

Das von den drei Aktionären aufgebrachte Eigenkapital von Fr. 100 000.– reicht nicht aus für die Finanzierung der Unternehmung, weshalb der lokalen Bank ein Kreditgesuch für einen Kontokorrentkredit unterbreitet wird. Die Bank verlangt zur Kreditprüfung eine **Plan-Erfolgsrechnung,** eine **Plan-Geldflussrechnung** sowie eine **Plan-Bilanz** per Ende Jahr.[1]

Erstellen Sie die verlangten Planungsrechnungen aufgrund der folgenden Angaben (Beträge in Fr. 1 000.–):

Gründung	Gründungsdatum ist der 1. September 20_1.
Aktienkapital	100, Bareinzahlung durch die Aktionäre per 1. September 20_1.
Gründungsaufwand	Für Stempelsteuern, öffentliche Beurkundungen, Handelsregistereintrag und Beratung durch einen Treuhänder entstehen im September Ausgaben von 10, die sofort als Aufwand verbucht werden.
Investitionen	Im September werden für 160 Büromöbel, Geräte, EDV-Hard- und Software sowie Fachliteratur gegen bar gekauft. Dieses Anlagevermögen soll linear abgeschrieben werden; 20_1 insgesamt um 16.
Honorarertrag	Da aufgrund der bisherigen Geschäftsbeziehungen der drei Gründer schon potenzielle Auftraggeber vorhanden sind, kann nach Geschäftseröffnung sofort mit der Beratertätigkeit begonnen und im Oktober 20_1 bereits ein erstes Mal fakturiert werden. Es ist mit folgenden Umsätzen zu rechnen: Oktober 40, November 60, Dezember 80. Ende Jahr bestehen keine Aufträge in Arbeit. Die Kunden zahlen voraussichtlich einen Monat nach Rechnungsstellung.
Lohnaufwand	Die drei Gründer arbeiten vorläufig alleine im Betrieb und beziehen vorsichtshalber einen bescheidenen Monatslohn von je 5 und Ende Jahr eine Gratifikation von je 4. Auf die Ermittlung und Abrechnung der Sozialabgaben wie AHV/IV/EO/ALV, PK und UVG wird hier der Einfachheit halber verzichtet.
Mietaufwand	Es wird stilvoll ein kleines Einfamilienhaus am Stadtrand gemietet. Der Mietzins beträgt 5 im Monat und muss jeweils für ein Vierteljahr im Voraus bezahlt werden (Zinstermine Anfang September, Dezember, März und Juni).
Kapitalzinsaufwand	Für den Kontokorrentkredit bei der Bank kann mit folgendem Zinsaufwand gerechnet werden: September 6, Oktober 8, November 7, Dezember 8. Diese Zinsen werden jeweils am Ende eines Quartals (Ende September, Dezember, März und Juni) zur Zahlung fällig.
Übriger Baraufwand	Für Energieverbrauch, Unterhalt und Reparaturen, Versicherungen, Büroaufwand sowie Diverses ist im Monat durchschnittlich mit 6 zu rechnen (Aufwand = Ausgabe).
Steuern, Dividenden	Gewinn- und Kapitalsteuern sowie Gewinnausschüttungen können vorläufig vernachlässigt werden.

[1] Um den Rechenaufwand im Rahmen der Schulung klein zu halten, sind hier die Budgets nur für die ersten vier Monate zu erstellen. Die Bank verlangt in Wirklichkeit wahrscheinlich Budgets für zwei Jahre, d. h. für 24 Monate.

Finanzplanung — Aufgabe 05

Plan-Erfolgsrechnung (Erfolgsbudget) 20_1

Text	September	Oktober	November	Dezember	Total
Honorarertrag (Umsatz)					
./. Lohnaufwand					
./. Mietaufwand					
./. Kapitalzinsaufwand					
./.					
./.					
./. Gründungsaufwand					
= Erfolg					

Plan-Geldflussrechnung (Liquiditätsbudget, Finanzplan) 20_1

Text	September	Oktober	November	Dezember	Total
Zahlungen von Kunden					
./. Lohnzahlungen					
./. Mietzinszahlungen					
./. Kapitalzinszahlungen					
./.					
./. Gründungsaufwand					
=					
./. Investitionen					
= Kapitalbedarf (Finanzierungslücke)					
+					
= Veränderungen der flüssigen Mittel					
Bestand der Kontokorrentschuld jeweils Ende Monat					

Für die Plan-Bilanz gibt es kein Lösungsblatt.

4.06

Die Budgetierung erfolgt normalerweise über den Zeitraum eines Jahres. Um Platz und Zeit zu sparen, beschränkt sich die folgende Aufgabe auf sechs Monate.

Die **Gnomus AG** ist ein Handelsbetrieb mit Artikeln für den Hobbygärtner und Naturliebhaber. Die Budgets sind mithilfe der folgenden Angaben zu vervollständigen:

▷ Die Kunden zahlen die Rechnungen einen Monat nach Rechnungsstellung.

▷ Die Bruttogewinnmarge beträgt konstant 40%.

▷ Die Wareneinkäufe erfolgen einen Monat vor dem Verkauf. Die Lieferantenrechnungen werden je zur Hälfte im laufenden und im Folgemonat bezahlt.

▷ Es sind unter dem Jahr keine Lohnänderungen und Personalwechsel geplant. Im Dezember wird ein 13. Monatslohn ausbezahlt.

▷ Der jährliche Zinstermin für das Darlehen ist Ende Mai.

▷ Die Abschreibungen erfolgen linear.

▷ Anfang Mai wird ein Lieferwagen für 59 gekauft, der sofort in Betrieb genommen und im Juni bezahlt wird. Die Abschreibung erfolgt linear über eine Nutzungsdauer von 4 Jahren auf einen Restwert von 11.

▷ An der Generalversammlung vom 23. April wird eine Dividendenausschüttung von 10% beschlossen. Die Auszahlung der Dividende erfolgt im Mai, die Verrechnungssteuer wird im Juni an die Steuerverwaltung überwiesen.

▷ Im Mai wird eine Aktienkapitalerhöhung von nominal 50 mit einem Agio von 40% durchgeführt (Barliberierung).

Bilanzen

	31.12.20_1 (Ist)	30.6.20_2 (Budget)		31.12.20_1 (Ist)	30.6.20_2 (Budget)
Flüssige Mittel	50		Verbindlichkeiten L+L	90	250
Forderungen L+L	500		PRA Zinsen	7	
Warenvorrat	180			–	
Sachanlagen	450		Darlehen	200	
./. WB Sachanlagen	– 150		Aktienkapital	400	
			Kapitalreserven	85	
			Gewinnreserven	248	
			Gewinn	–	
	1 030			1 030	

Finanzplanung — Aufgabe 06

Erfolgsbudget Januar bis Juni 20_1

	Januar	Februar	März	April	Mai	Juni	Total
Verkaufsertrag	300	200	400	500	600	400	2 400
./. Warenaufwand							
./. Personalaufwand	− 52	− 52	− 52	− 52	− 52	− 52	− 312
./. Zinsaufwand							
./. Abschreibungen Sachanlagen					− 7	− 7	
./. Übriger Aufwand	− 93	− 88	− 88	− 100	− 108	− 108	− 585
= Gewinn							

Einkaufsbudget Januar bis Juni 30.6.20_1

	Januar	Februar	März	April	Mai	Juni	Total
Wareneinkäufe							

Liquiditätsbudget Januar bis Juni 30.6.20_1

	Januar	Februar	März	April	Mai	Juni	Total
Zahlungen von Kunden							
./. Zahlungen an Lieferanten							
./. Zahlungen für Personalaufwand							
./. Zahlungen für Zinsen							
./. Zahlungen für übrigen Aufwand	− 93	− 88	− 88	− 100	− 108	− 108	− 585
= Operativer Cashflow							
./. Kauf Sachanlagen							
+ Aktienkapitalerhöhung mit Agio							
./. Dividendenausschüttung							
= Veränderungen flüssige Mittel							

Budgetierte Bestände an flüssigen Mitteln Januar bis Juni 20_1

	Januar	Februar	März	April	Mai	Juni
Flüssige Mittel						

147

4.07

Die Gesamtrechnungen der **Testautuno AG** sind nach folgenden Angaben zu vervollständigen:

▷ Die Kunden zahlen die Rechnungen zu einem Drittel im laufenden Monat, zu einem Drittel im Folgemonat und zu einem Drittel im übernächsten Monat. Beispiel: Verkauf im August; Zahlung ⅓ im August, ⅓ im September und ⅓ im Oktober.

▷ Die Wareneinkäufe erfolgen einen Monat vor dem Verkauf. 20% der Lieferantenrechnungen werden in 30 Tagen bezahlt und 80% der Rechnungen in 60 Tagen. Beispiel: Die Einkäufe vom April werden zu 20% im Mai und zu 80% im Juni bezahlt.

▷ Die Bruttogewinnmarge beträgt konstant 25%.

▷ Im Personalbestand gibt es unter dem Jahr weder Fluktuationen noch Lohnänderungen. Ende Dezember wird ein 13. Monatslohn ausbezahlt.

▷ Auf Ende Januar ist der Kauf eines Lieferwagens für 66 geplant. Inbetriebnahme Anfang Februar, Zahlung Anfang März. Die Abschreibung erfolgt linear über eine Nutzungsdauer von 5 Jahren auf einen Restwert von 6.

▷ An der Generalversammlung im März wird voraussichtlich eine Dividende von 40 beschlossen. 65% sind sofort an die Aktionäre auszuzahlen. Die Verrechnungssteuer von 35% ist im nächsten Monat fällig.

▷ Im März findet eine Aktienkapitalerhöhung von nominal 50 mit einem Agio von 70% statt (Barliberierung).

Eröffnungsbilanz 1. 1. 20_1

Flüssige Mittel	50	Verbindlichkeiten L+L	540
Forderungen L+L	500	Aktienkapital	400
Warenvorrat	180	Kapitalreserven	40
Sachanlagen	470	Gewinnreserven	220
	1 200		1 200

Finanzplanung — Aufgabe 07

Erfolgsrechnung Q1 20_1

	Januar	Februar	März	Total
Verkaufsertrag	240	360	420	1 020
./. Warenaufwand	– 180	– 270	– 315	– 765
./. Personalaufwand				
./. Abschreibungen	– 3			
./. Übriger Aufwand	– 41	– 45	– 48	– 134
= Gewinn				

Liquiditätsbudget Q1 20_1

	Januar	Februar	März	Total
Zahlungen von Kunden				
./. Zahlungen an Lieferanten	– 396			
./. Zahlungen ans Personal	– 24	– 24	– 24	– 72
./. Zahlungen für übrigen Aufwand	– 41	– 45	– 48	– 134
= Operativer Cashflow	– 81			
./. Kauf Sachanlagen				
./. Dividendenauszahlung				
+ Aktienkapitalerhöhung mit Agio				
= Veränderungen flüssige Mittel	– 81			

Schlussbilanz 31. 3. 20_1

Flüssige Mittel		Verbindlichkeiten L+L	
Forderungen L+L	400		
Warenvorrat	360		
Sachanlagen		Aktienkapital	
		Kapitalreserven	
		Gewinnreserven	
		Gewinn	

4.08

Die Gesamtrechnungen der **Trimestre AG** sind nach folgenden Angaben zu vervollständigen:

▷ Die Kunden zahlen die Rechnungen zu einem Drittel im laufenden Monat, zu einem Drittel im Folgemonat und zu einem Drittel im übernächsten Monat. Beispiel: Verkauf im August; Zahlung ⅓ im August, ⅓ im September und ⅓ im Oktober.

▷ Die Bruttogewinnmarge beträgt konstant 40%.

▷ Die Wareneinkäufe erfolgen einen Monat vor dem Verkauf. Die Lieferantenrechnungen werden je zur Hälfte in 30 Tagen und 60 Tagen bezahlt. Beispiel: Einkauf im April, Zahlung ½ im Mai und ½ im Juni.

▷ Alle Sachanlagen werden linear abgeschrieben.

▷ Anfang Februar wird ein Lieferwagen für 55 gekauft, der sofort in Betrieb genommen und im März bezahlt wird. Die Abschreibung erfolgt über eine Nutzungsdauer von 4 Jahren auf einen Restwert von 7.

▷ Im März findet eine Aktienkapitalerhöhung von nominal 40 mit einem Agio von 60% statt (Barliberierung).

Eröffnungsbilanz 1. 1. 20_1

Flüssige Mittel		Kreditoren	99
Debitoren	140	Aktienkapital	150
Warenvorrat		Kapitalreserven	20
Sachanlagen	160	Gewinnreserven	97
	366		366

Finanzplanung — Aufgabe 08

Erfolgsrechnung Q1 20_1

	Januar	Februar	März	Total
Verkaufsertrag	90	150	180	420
./. Warenaufwand				
./. Abschreibungen Sachanlagen	– 2			
./. Übriger Aufwand	– 44	– 52	– 56	– 152
= Gewinn				

Liquiditätsbudget Q1 20_1

	Januar	Februar	März	Total
Zahlungen von Kunden		130		
./. Zahlungen an Lieferanten				
./. Zahlungen für übrigen Aufwand	– 44	– 52	– 56	– 152
= Operativer Cashflow				
./. Kauf Sachanlagen				
+ Aktienkapitalerhöhung mit Agio				
= Veränderungen flüssige Mittel				

Schlussbilanz 31. 3. 20_1

Flüssige Mittel		Kreditoren	
Debitoren		Aktienkapital	
Warenvorrat	72	Kapitalreserven	
Sachanlagen		Gewinnreserven	
		Gewinn	

4.09

Vervollständigen Sie die Planungsrechnungen der **Talon AG** für das erste Quartal 20_4.

Schlussbilanz per 31.12.20_3

Flüssige Mittel	20	Verbindlichkeiten L+L (Kreditoren)	600
Forderungen L+L (Debitoren)	1 320	Rechnungsabgrenzung	20
Warenvorrat	240	Darlehen	400
Sachanlagen	1 600	Aktienkapital	800
./. Wertberichtigung Sachanlagen	– 600	Kapitalreserven	60
		Gewinnreserven	700
	2 580		2 580

▷ Die Forderungen und Verbindlichkeiten aus Lieferungen und Leistungen betreffen Warenverkäufe und Wareneinkäufe.

▷ Das Zahlungsverhalten und die Bruttomarge können für die Jahre 20_3 und 20_4 als konstant betrachtet werden.

▷ Die Warenverkäufe erfolgen auf Kredit. 80% der Kunden zahlen in 30 Tagen, der Rest in 60 Tagen. Der Verkaufsumsatz im November 20_3 betrug 600.

▷ Die Waren werden einen Monat vor dem Verkauf auf Kredit eingekauft. Zur Hälfte erfolgt die Zahlung 30 Tage nach dem Einkauf und zur Hälfte 60 Tage nach dem Einkauf.

▷ Es wird im Dezember jeweils ein 13. Monatslohn ausbezahlt. Es sind 20_4 voraussichtlich keine Schwankungen im Personalbestand bzw. Lohnänderungen zu erwarten.

▷ Das seit 20_1 bestehende Darlehen ist jeweils per Ende Februar nachschüssig zu 6% p.a. verzinslich. Es erfolgen keine Rückzahlungen.

▷ Im März 20_4 ist eine Aktienkapitalerhöhung von nominal 100 mit einem Agio von 60 mit Barliberierung geplant.

▷ Im Februar 20_4 wird von der Generalversammlung voraussichtlich eine Bardividende von 40 beschlossen. Die Auszahlung an die Aktionäre soll im Februar stattfinden, die Überweisung der Verrechnungssteuer im März.

▷ Im Januar 20_4 wird ein Fahrzeug mit einem Anschaffungswert von 240 gekauft. Die Inbetriebnahme erfolgt auf Anfang Februar. Die Zahlung erfolgt im März. Die voraussichtliche Nutzungsdauer beträgt 4 Jahre, der geschätzte Restwert am Ende der Nutzungsdauer 48.

▷ Alle Sachanlagen werden linear abgeschrieben.

Finanzplanung — Aufgabe 09

Plan-Erfolgsrechnung Q1/20_4

	Januar	Februar	März	Total
Warenertrag	400	500	800	1 700
./. Warenaufwand	– 240	– 300	– 480	– 1 020
./. Personalaufwand	– 52	– 52	– 52	– 156
./. Abschreibungen	– 40			
./. Zinsaufwand				
./. Diverser Aufwand	– 124	– 120	– 136	– 380
= Erfolg				

Finanzplan Q1/20_4

	Januar	Februar	März	Total
Zahlungen von Kunden				
./. Zahlungen an Lieferanten				
./. Zahlungen Personal				
./. Zahlungen für Zinsen				
./. Zahlungen für diversen Aufwand	– 124	– 120	– 136	– 380
= **Geldfluss aus Betriebstätigkeit**				
./. Investitionen				
./. Gewinnausschüttung				
=				

Plan-Bilanz per 31.3.20_4

Flüssige Mittel		Verbindlichkeiten L+L (Kreditoren)	
Forderungen L+L (Debitoren)		Rechnungsabgrenzung	
Warenvorrat	640	Darlehen	400
Sachanlagen		Aktienkapital	
./. Wertberichtigung Sachanlagen		Kapitalreserven	
		Gewinnreserven	
		Gewinn	

4.10

Die **Metallica AG** handelt mit Roheisen, Metallen, Schrott und Altmaterialien aller Art.

Die Planungsrechnungen für das erste Quartal 20_5 sind aufgrund folgender Angaben zu vervollständigen.

Schlussbilanz per 31.12.20_4

Flüssige Mittel	80	Kreditoren (Warenlieferanten)	540
Debitoren (Kunden)	1 040	Passive Rechnungsabgrenzung	20
Warenvorrat	300	Darlehen	400
Sachanlagen	800	Aktienkapital	500
./. Wertberichtigung Sachanlagen	– 300	Kapitalreserven	50
		Gewinnreserven	410
	1 920		1 920

▷ Das Zahlungsverhalten und die Bruttomarge können für die Jahre 20_4 und 20_5 als konstant betrachtet werden. Vereinfachend sind alle Monate mit 30 Tagen zu rechnen.

▷ Die Warenverkäufe erfolgen auf Kredit. 60% der Kunden zahlen in 30 Tagen, der Rest in 60 Tagen. Der Verkaufsumsatz im November 20_4 betrug 600.

▷ Die Waren werden einen Monat vor dem Verkauf auf Kredit eingekauft. Zur Hälfte erfolgt die Zahlung 30 Tage nach dem Einkauf und zur Hälfte 60 Tage nach dem Einkauf.

▷ Es wird im Dezember jeweils ein 13. Monatslohn ausbezahlt. Es sind 20_5 voraussichtlich keine Schwankungen im Personalbestand bzw. Lohnänderungen zu erwarten.

▷ Das seit 20_1 bestehende Darlehen war bisher per Ende Februar nachschüssig zu 6% p.a. verzinslich. Ende Februar 20_5 wird eine Rückzahlung von 100 geleistet und der Zinsfuss auf 4% p.a. gesenkt.

▷ Alle Sachanlagen werden linear abgeschrieben.

▷ Im Januar 20_5 werden Sachanlagen mit einem Anschaffungswert von 150 gekauft. Die Inbetriebnahme erfolgt auf Anfang Februar. Die Zahlung erfolgt im März. Die voraussichtliche Nutzungsdauer beträgt 5 Jahre, der geschätzte Restwert am Ende der Nutzungsdauer 30.

▷ Im Februar 20_5 werden Sachanlagen für 80 auf Kredit gekauft. Das Zahlungsziel beträgt 30 Tage. Die Inbetriebnahme erfolgt auf 1. April 20_5. Die Abschreibung erfolgt über die Nutzungsdauer von 8 Jahren.

▷ Im März 20_5 ist eine Aktienkapitalerhöhung von nominal 80 mit einem Agio von 50 mittels Barliberierung geplant.

▷ Im Februar 20_5 wird von der Generalversammlung voraussichtlich eine Bardividende von 40 beschlossen. Die Auszahlung an die Aktionäre soll im Februar stattfinden, die Überweisung der Verrechnungssteuer im März.

Finanzplanung — Aufgabe 10

Plan-Erfolgsrechnung Q1/20_5

	Januar	Februar	März	Total
Warenertrag	500	300	800	1 600
./. Warenaufwand	– 300			
./. Personalaufwand	– 52	– 52	– 52	– 156
./. Abschreibungen	– 30			
./. Zinsaufwand				
./. Diverser Aufwand	– 100	– 90	– 120	– 310
= **Erfolg**				

Geplante Wareneinkäufe Q1/20_5

	Januar	Februar	März	Total
Wareneinkäufe				

Finanzplan Q1/20_5

	Januar	Februar	März	Total
Zahlungen von Kunden				
./. Zahlungen an Lieferanten				
	– 100	– 90	– 120	– 310
= **Geldfluss aus Betriebstätigkeit**				
=				

Plan-Bilanz per 31.3.20_5

Flüssige Mittel	Kreditoren (Warenlieferanten)
Debitoren (Kunden)	Passive Rechnungsabgrenzung
Warenvorrat 540	Darlehen
Sachanlagen (SA)	Aktienkapital
./. Wertberichtigung SA	Kapitalreserven
	Gewinnreserven
	Gewinn

Finanzplanung

4.11

Die **Elektra AG** ist ein Grosshandelsunternehmen mit einem rund 250 000 Qualitätsartikel umfassenden Dienstleistungsangebot für die Elektroinstallationsbranche.

Erstellen Sie für das Jahr 20_4 die nach Quartalen (Q) unterteilte Plan-Geldflussrechnung sowie die Plan-Schlussbilanz.

Schlussbilanz 31. 12. 20_3

Aktiven		Passiven	
Flüssige Mittel	20	Verbindlichkeiten L+L	300
Forderungen L+L	175	Aufgelaufene Zinsen (PRA)	4
Warenvorrat	160	Hypothek	240
Sachanlagen	660	Aktienkapital	100
./. Wertberichtigung Sachanlagen	– 200	Gewinnreserven	171
	815		815

Plan-Erfolgsrechnung 20_4

	Q1	Q2	Q3	Q4	Total
Warenertrag	400	600	500	400	1 900
./. Warenaufwand	– 320	– 480	– 400	– 320	– 1 520
./. Personalaufwand	– 26	– 26	– 26	– 26	– 104
./. Zinsaufwand	– 3	– 3	– 3	– 4	– 13
./. Diverser Baraufwand	– 35	– 38	– 38	– 35	– 146
./. Abschreibungen	– 15	– 15	– 17	– 18	– 65
= **Erfolg**	**1**	**38**	**16**	**– 3**	**52**

▷ Die Warenverkäufe erfolgen auf Kredit. Die eine Hälfte der Kunden zahlt noch im laufenden Quartal, die andere Hälfte im Folgequartal.

▷ Die Bruttogewinnmarge ist konstant.

▷ Die Wareneinkäufe werden gegen Rechnungen getätigt, die jeweils im Folgequartal bezahlt werden. Die Einkäufe erfolgen zur Hälfte ein Quartal vor ihrem Verbrauch und zur Hälfte im selben Quartal, in dem sie verbraucht werden. Für die Ermittlung der Materialeinkäufe ist die Lösungshilfe zu verwenden.

▷ Im Dezember wird zusätzlich zum normalen Lohn ein 13. Monatslohn ausbezahlt. Es bestehen keine monatlichen Schwankungen im Personalbestand bzw. in den Lohnhöhen.

▷ Die Zinstermine für die Hypothek sind der 28. Februar sowie der 30. August.

▷ Im dritten und vierten Quartal sind Barkäufe von Sachanlagen für je 120 geplant.

▷ Am 30. September wird eine zusätzliche Hypothek von 80 aufgenommen, die halbjährlich am 31. März und am 30. September zum gleichen Zinsfuss wie die bisherige Hypothek verzinst werden muss.

▷ Im Juni soll eine Aktienkapitalerhöhung von nominal 50 mit einem Agio von 20 durchgeführt werden (Barliberierung).

▷ Für das zweite Quartal ist eine Gewinnausschüttung von 16 vorgesehen.

Finanzplanung — Aufgabe 11

Wareneinkäufe 20_4

	Q1	Q2	Q3	Q4	Total
Einkäufe für laufendes Quartal					
Einkäufe für nächstes Quartal					
Total Einkäufe					

Plan-Geldflussrechnung 20_4

	Q1	Q2	Q3	Q4	Total
Zahlungen von Kunden					
./. Zahlungen an Lieferanten					
./. Zahlungen für Personalaufwand					
./. Zahlungen für Zinsen					
./. Zahlungen für diversen Aufwand					
= Cashflow					
= Free Cashflow					
=					

Plan-Schlussbilanz 31.12.20_4

Aktiven		Passiven	
Flüssige Mittel		Verbindlichkeiten aus L+L	
Forderungen aus L+L		Aufgelaufene Zinsen (PRA)	
Warenvorrat	180	Hypothek	
Sachanlagen		Aktienkapital	
./. Wertberichtigung Sachanlagen		Kapitalreserven	
		Gewinnreserven	

Finanzplanung 4

4.12

Die **CarpeDiem AG** handelt mit Luxusgütern aller Art. Vervollständigen Sie die Planungsrechnungen.

Nebst den in den Lösungshilfen bereits eingetragenen Werten stehen folgende Informationen über die Planperiode zur Verfügung:

▷ Die Kundenzahlungen erfolgen je zur Hälfte in 30 bzw. 60 Tagen nach dem Verkauf. Beispiel: Verkauf im März, Zahlung 50% im April und 50% im Mai. Die Bruttogewinnmarge beträgt konstant 30%. Der geschätzte Verkaufsumsatz für September beträgt 600.

▷ Die Einkäufe werden jeweils 30 Tage vor den Verkäufen getätigt und nach 60 Tagen bezahlt. Beispiel: Einkauf im März, Verkauf im April, Zahlung im Mai.

▷ Der Personalbestand und die Monatslöhne verändern sich in der Berichtsperiode nicht. Im Dezember wird ein 13. Monatslohn ausbezahlt.

▷ Die Finanzschulden sind halbjährlich Ende April und Oktober zu verzinsen. Per 31. Oktober ist eine Rückzahlung von 100 geplant. Auf jenen Zeitpunkt ist eine Zinsfusssenkung auf 4% p. a. zu erwarten.

▷ Per Ende November ist der Barverkauf einer mobilen Sachanlage geplant, über die folgende Informationen vorliegen:

Anschaffungswert	60
./. Wertberichtigung (bis Ende November)	– 50
= Buchwert Ende November	10
+ Veräusserungsgewinn	3
= Verkaufserlös	13

Den Abschreibungen für diese Anlage lagen eine Nutzungsdauer von 5 Jahren und ein Restwert am Ende der Nutzungsdauer von 0 zugrunde.

▷ Im April wird voraussichtlich eine Bardividende von 40% ausgeschüttet.

▷ Die Zinserträge aus der Anlage der flüssigen Mittel sind zu vernachlässigen. Ebenso unberücksichtigt bleiben die Steuern.

Plan-Erfolgsrechnung

	Jan.–Sept.	Oktober	November	Dezember	Total
Warenertrag (Umsatz)	4 100	400	500	1 000	6 000
./. Warenaufwand	– 2 870	– 280	– 350	– 700	– 4 200
./. Personalaufwand	– 585	– 65	– 65	– 65	– 780
./. Abschreibungen	– 54	– 6	– 6		
./. Zinsaufwand					
./. Diverser Aufwand	– 536	– 61	– 63	– 70	– 730
= Gewinn					

Finanzplanung — Aufgabe 12

Geplante Wareneinkäufe

	Jan.–Sept.	Oktober	November	Dezember	Total
Wareneinkäufe	2 750			300	

Plan-Geldflussrechnung

	Jan.–Sept.	Oktober	November	Dezember	Total
Zahlungen von Kunden					
./. Zahlungen an Lieferanten					
./. Zahlungen ans Personal					
./. Zahlungen für diversen Aufwand	– 536	– 61	– 63	– 70	– 730
= Cashflow aus Betriebstätigkeit	292				
=					

Bilanzen

	1. Januar	31. Dez.
Flüssige Mittel	40	
Forderungen L+L	1 100	
Warenvorrat	400	
Sachanlagen	700	
./. Wertberichtigung Sachanlagen	– 200	
	2 040	

	1. Januar	31. Dez.
Verbindlichkeiten L+L	950	
Aufgelaufene Zinsen	4	
Finanzschulden	400	
Aktienkapital	300	
Gewinnreserven	386	
	2 040	

Finanzplanung

4.13

F. Morf hat seine Lehre vor zwei Jahren erfolgreich abgeschlossen und arbeitet seither als Sachbearbeiter. Dank seinem Können und seinem Einsatz am Arbeitsplatz wird er nächstes Jahr einen Nettolohn von Fr. 52 000.– verdienen (nach Abzug der Sozialversicherungsbeiträge und inkl. 13. Monatslohn).

Er wird Anfang Jahr von den Eltern weg in eine eigene Wohnung ziehen mit einem Mietzins von Fr. 1200.– p.m. (inkl. Nebenkosten). Für den Kauf von neuen Möbeln samt Stereoanlage und Fernseher sind im Januar Fr. 4000.– und im Februar Fr. 3000.– vorgesehen.

Ausserdem will er Anfang September ein Occasionsauto für etwa Fr. 9000.– erwerben, das Ausgaben für Benzin, Service, Steuern und Versicherungen von Fr. 300.– im ersten Monat und anschliessend Fr. 100.– pro Monat verursacht und Ende Jahr um Fr. 1000.– abgeschrieben werden muss.

Schon lange geplant ist ein zahnärztlicher Eingriff, der im April zu Ausgaben von etwa Fr. 1800.– führen wird.

Die Einkommenssteuern von Fr. 5400.– sind hälftig im Juni und Dezember zu bezahlen.

Für den Juni ist eine Ferienreise mit seiner Freundin in die USA geplant, die für ihn zusätzliche Ausgaben von Fr. 1500.– im Mai und etwa Fr. 1500.– im Juni zur Folge haben wird.

Seine bisherigen Ersparnisse auf dem Salärkonto einer Bank betragen Fr. 3400.–.

Folgende regelmässigen monatlichen Ausgaben fallen auch während der Ferienzeit an:

▷ Nahrung, Getränke (zu Hause und auswärts): Fr. 600.–
▷ Krankenkasse und sonstige Versicherungen (z.B. persönliche Haftpflichtversicherung): Fr. 180.–
▷ Verkehr: Bis Ende August Fr. 50.– für SBB, Bus, Tram und Velo; nachher Autobetriebskosten.
▷ Kleider, Schuhe: Fr. 220.–
▷ Telefon: Fr. 60.–
▷ Arzt, Apotheke, Gesundheitspflege (ohne Zahnarzt): Fr. 80.–
▷ Vergnügen (z.B. Ausgang, Sport): Fr. 220.–
▷ Diverses: Fr. 140.–

Lösen Sie für diese **Privatperson** folgende Aufgaben:

a) Da starke Zweifel bestehen, ob der Lohn für alle geplanten Ausgaben ausreicht, ist ein **Liquiditätsbudget (ein Finanzplan)** für das ganze Jahr zu erstellen.

b) Welche Massnahmen zur Verbesserung der finanziellen Situation empfehlen Sie?

Liquiditätsbudget

Nettolohn (Einnahmen)
./. Mietzinsausgaben
./. Ausgaben für Nahrung, Getränke
./. Ausgaben für Krankenkasse, Versicherungen
./. Ausgaben für Verkehr
./. Ausgaben für Kleider, Schuhe
./. Ausgaben für Telefon
./. Ausgaben für Steuern
./. Ausgaben für Arzt, Zahnarzt, Apotheke, Gesundheitspflege
./. Ausgaben für Vergnügen, z.B. Ausgang, Sport, Ferien
./. Div. Ausgaben, z.B. für Radio/TV, Zeitungen, Bücher, Geschenke, Spenden, Bildung

= **Cashflow**

./. Ausgabe für Kauf Auto
./. Ausgabe für Kauf Einrichtungen

= **Zu-/Abnahme flüssige Mittel**

Salärkonto

Stand Salärkonto Ende Monat

Finanzplanung — Aufgabe 13

uar	Februar	März	April	Mai	Juni	Juli	August	Sept.	Okt.	Nov.	Dez.	Total

uar	Februar	März	April	Mai	Juni	Juli	August	Sept.	Okt.	Nov.	Dez.

Finanzplanung

4.14

Ein **Bauer** beabsichtigt, auf Ende 20_1 einen **Stallumbau** für Fr. 400000.– durchzuführen, um damit eine ökologische Betriebsführung zu erreichen. Zur Finanzierung dieses Vorhabens dienen

- ein Zuschuss von Fr. 200000.– der öffentlichen Hand à fonds perdu (ohne Rückzahlungs- und Verzinsungspflicht)
- ein unverzinslicher Investitionskredit von Fr. 60000.– der öffentlichen Hand, rückzahlbar in 10 Jahresraten (erstmals Ende 20_2)
- eine per Ende 20_1 gewährte und ab 20_2 zu 4% verzinsliche Hypothek von Fr. 100000.– mit einer Tilgungspflicht von Fr. 5000.– pro Jahr (erstmals Ende 20_2)

Der Bauer befürchtet in den nächsten Jahren finanzielle Engpässe, weil die für den Stallumbau fehlenden Mittel von Fr. 40000.– sowie die Rückzahlungs- und Zinsverpflichtungen aus dem Umsatz finanziert werden müssen und jeweils Anfang 20_2 und 20_3 noch je Fr. 20000.– für Ersatzinvestitionen (Bandheuer, Motormäher, Kunststoffsilo, Tränkeautomat und Güllenverteilanlage) getätigt werden sollten. Ausserdem erwartet der Bauer eine finanzielle Einbusse beim Verkauf von Landwirtschaftsprodukten: Ab 20_2 ist vor allem aus politischen Gründen (internationale Handelsabkommen) mit einem jährlichen Rückgang des Ertrags um 5% (bezogen auf die Basis 20_1) zu rechnen.

Eine Agro-Treuhänderin empfiehlt dem Bauern das Erstellen eines **Finanzplanes,** weil dieser die Bereiche Umsatz, Investierung und Finanzierung in einer Rechnung zusammenfasst und sich deshalb hervorragend zur Abstimmung der gesteckten Ziele, geplanten Massnahmen und vorhandenen finanziellen Mitteln eignet.

Für die Erstellung des Finanzplanes (Lösungshilfe nebenstehend) stehen folgende Zusatzinformationen zur Verfügung:

- Im Jahr 20_1 wird aus dem Verkauf von Mastschweinen, Mastkälbern, Rindern und Milchprodukten voraussichtlich ein Verkaufsertrag von Fr. 60000.– erzielt. Der Einfachheit halber kann davon ausgegangen werden, dass der Ertrag und die Einnahmen in derselben Periode anfallen.
- An Bundesbeiträgen (Subventionen) kann 20_1 mit Fr. 40000.– gerechnet werden, später mit Fr. 45000.– pro Jahr.
- Es ist jährlich mit einem Aufwand von Fr. 25000.– für Zukäufe an Jagern (kleine Schweine), Rindviechern, Kälbern, Saatgut und Futtermitteln zu rechnen. Der Personalaufwand von Fr. 14000.– für das Jahr 20_1 besteht aus dem Lohn für die im Betrieb tätigen Eltern. Dieser Aufwand fällt künftig weg, da die Eltern ab 20_2 AHV-berechtigt sind und – wie das auf dem Land so üblich ist – gratis im Bauernbetrieb des Sohnes arbeiten werden. Weitere jährliche Aufwände: Pachtzinsen Fr. 2000.–, Reparatur und Unterhalt Fr. 10000.–, allgemeiner Betriebsaufwand Fr. 13000.–. Für die bisherigen Schulden (ohne Stallumbau) ist ein jährlicher Zins von Fr. 5000.– zu veranschlagen. Aufwand und Ausgaben fallen in derselben Periode an.
- Eine Besonderheit der bäuerlichen Buchhaltung stellt die Vermischung von Geschäfts- und Privatbereich in derselben Buchhaltung dar. An Privatausgaben fallen 20_1 Fr. 28000.– an. Diese erhöhen sich ab 20_2 auf jährlich Fr. 31000.–, weil die älteste Tochter auswärts das Gymnasium besuchen wird. Da die Bäuerin noch temporär im Dorfladen arbeitet und der Bauer in der Wintersaison bei der Bergbahn angestellt ist, kann mit einem Nebeneinkommen von jährlich Fr. 30000.– gerechnet werden. Ausserdem erhält der Bauer Familienzulagen von Fr. 6000.– pro Jahr.
- Der Stallneubau muss in 20 Jahren abgeschrieben werden, die Maschinen und Einrichtungen in 10 Jahren. Die bisherigen Abschreibungen (ohne die geplanten Neuinvestitionen) betragen Fr. 12000.– im Jahr.

Finanzplan (in Fr. 1000.–)

	20_1	20_2	20_3
Betriebstätigkeit			
+ Verkaufserlöse			
+ Subventionen			
./. Zukäufe			
./.			
./.			
./.			
./.			
./.			
./.			
= Cashflow (Landwirtschaftsbetrieb)			
+			
+			
./.			
= Cashflow (Betrieb + Privat zusammen)			
Investitionstätigkeit			
./.			
./.			
= Finanzierungslücke (–) oder Finanzierungsüberschuss (+)			
Finanzierungstätigkeit			
+			
+			
+			
./.			
./.			
./.			
= Veränderung der flüssigen Mittel			
Bestand an flüssigen Mitteln (Ende Jahr)			

Finanzplanung — Aufgabe 14

▷ Bezüglich der bisherigen Schulden besteht eine Tilgungsverpflichtung von Fr. 2 000.– pro Jahr. (Die sich aus dieser und anderen Amortisationen ergebende Zinsersparnis kann vernachlässigt werden.)

▷ Ende 20_0 verfügt der Bauer über flüssige Mittel von Fr. 5 000.–.

a) Erstellen Sie den Finanzplan für die Jahre 20_1 bis 20_3 in Fr. 1 000.–.

b) Ist der Stallumbau finanziell möglich?

c) Wie hoch ist das Einkommen dieses Ehepaars im Jahr 20_2? (Mangels Angaben in dieser Aufgabenstellung sind bei der Einkommensberechnung Grössen wie Naturalbezüge aus dem Bauerngarten oder Eigenmietwert des Wohnhauses zu vernachlässigen.)

4.15

Vervollständigen Sie das nebenstehende Lösungsblatt zu den **Gesamtplänen** bzw. den **Teilplänen** mit folgenden Begriffen:

▷ **Plangeldflussrechnung**
▷ **Planerfolgsrechnung**
▷ **Planbilanz**
▷ **Absatzplan (Umsatzplan)**
▷ Erträge
▷ Aufwände
▷ Gewinn oder Verlust
▷ **Produktionsplan/Verwaltungsplan**
▷ **Investitionsplan**
▷ Geldwirksame Erträge (umsatzbedingte Einnahmen)
▷ Geldwirksame Aufwände (umsatzbedingte Ausgaben)
▷ Cashflow oder Cashdrain (brutto, vor Dividendenausschüttung)
▷ Dividendenausschüttung
▷ Cashflow (netto, nach Dividendenausschüttung)
▷ +/– Bestandesveränderung Debitoren ⎫
▷ +/– Bestandesveränderungen Kreditoren und Lager ⎬ = Differenzen zwischen Gewinn und Cashflow
▷ +/– Abschreibungen und Rückstellungsbildungen ⎭
▷ Investitionen
▷ Desinvestitionen
▷ Free Cashflow oder Finanzierungslücke
▷ **Finanzierungsplan**
▷ Aussenfinanzierung
▷ Definanzierung
▷ Zu- oder Abnahme flüssige Mittel

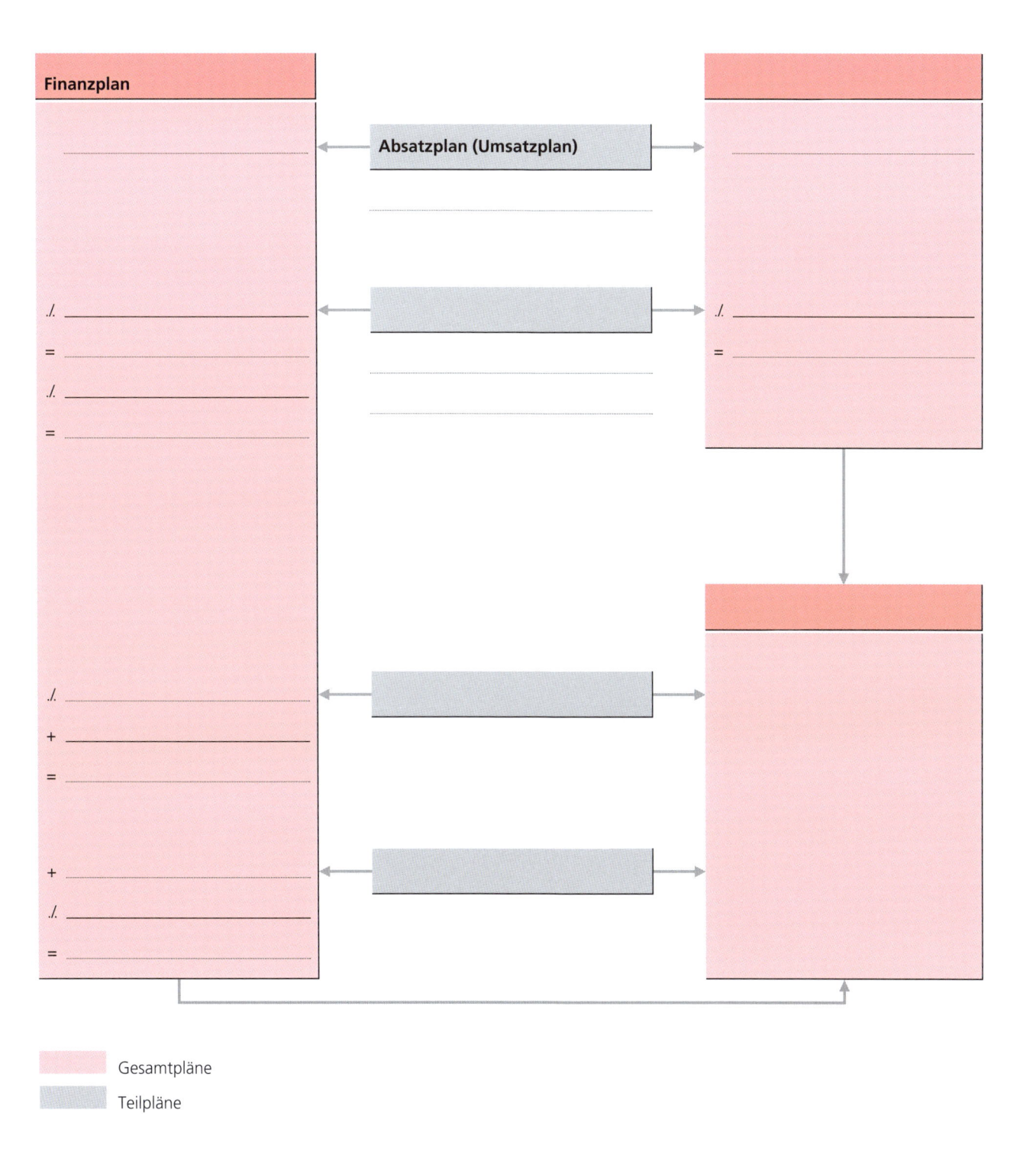

Finanzplanung Aufgabe 15

Finanzplan

./. _____

= _____

./. _____

=

./. _____

+ _____

= _____

+ _____

./. _____

= _____

Absatzplan (Umsatzplan)

./. _____

= _____

Gesamtpläne
Teilpläne

Finanzplanung — Aufgabe 15

4.16

Die Finanzplanung für die nächsten Jahre zeigt steigende **Finanzierungslücken,** sodass die Geschäftsleitung eine Reihe von Massnahmen ins Auge fasst.

Welche Auswirkungen auf die Liquidität haben diese Massnahmen, und welche Probleme (Zielkonflikte) sind damit verbunden?

Nr.	Massnahmen	Wirkungen/Probleme
1	Absatzpreise erhöhen	
2	Werbeaktion	
3	Debitorenfrist senken	
4	Löhne senken	
5	Kreditorenfrist erhöhen	
6	Lagerbestand senken	

Finanzplanung — Aufgabe 16

Nr.	Massnahmen	Wirkungen/Probleme
7	Abschreibungen erhöhen	
8	Dividenden vermindern	
9	Investitionen hinausschieben	
10	Leasen statt kaufen	
11	Desinvestitionen vornehmen	
12	Aktienkapital erhöhen	
13	Langfristige Verschuldung erhöhen	

5

Cashflow-Analyse

5.01

Dem Jahresabschluss eines Handelsbetriebs können folgende Informationen entnommen werden:

Schlussbilanzen

Aktiven	20_4	20_5	Passiven	20_4	20_5
Flüssige Mittel	7	9	Verbindlichkeiten L+L	121	127
Forderungen L+L	96	104	Hypotheken	160	173
Vorräte	45	55	Eigenkapital	97	100
Anlagevermögen	230	232			
	378	400		378	400

Erfolgsrechnung 20_5

Warenertrag	500
./. Warenaufwand	− 300
= **Bruttogewinn**	**200**
./. Personalaufwand	− 90
./. Abschreibungen	− 22
./. Übriger Aufwand	− 59
= **Gewinn vor Zinsen und Steuern (EBIT)**	**29**
./. Zinsaufwand	− 5
./. Steueraufwand	− 4
= **Gewinn**	**20**

Geldflussrechnung 20_5

Betriebstätigkeit (Cashflow)		
Gewinn	20	
+ Abschreibungen	22	
./. Zunahme Forderungen L+L	− 8	
./. Vorratszunahme	− 10	
+ Zunahme Verbindlichkeiten L+L	6	30
Investitionstätigkeit		
./. Kauf von Anlagevermögen	− 26	
+ Verkauf von Anlagevermögen	2	− 24
= **Free Cashflow**		6
Finanzierungstätigkeit		
+ Aufnahme Hypothek	13	
./. Gewinnausschüttung	− 17	− 4
= **Zunahme flüssige Mittel**		2

Kennzahl
Cashflow/Investitions-Verhältnis
Verschuldungsfaktor
Zinsdeckungsfaktor
Cashflow-Marge

Cashflow-Analyse — Aufgabe 01

Berechnen Sie die verlangten Kennzahlen, und beurteilen Sie das Ergebnis bzw. den Sinn der Berechnungen stichwortartig.

Berechnung			Beurteilung
$\dfrac{\text{Cashflow}}{\text{Netto-Investitionen}}$			
$\dfrac{\text{Effektivverschuldung}[1]}{\text{Cashflow}}$			
$\dfrac{\text{Cashflow + Zins}}{\text{Zins}}$			
$\dfrac{\text{Cashflow}}{\text{Umsatz}}$			

[1] Die Effektivverschuldung wird wie folgt ermittelt:

Fremdkapital	
./. Flüssige Mittel	
./. Forderungen L+L	
= **Effektivverschuldung**	

Cashflow-Analyse

5.02

In einer Rezessionsphase haben sich wichtige Zahlen einer schweizerischen Maschinenfabrik wie folgt entwickelt:

Effektivverschuldung

	20_1	20_2	20_3
Fremdkapital (kurz- und langfristig)	250	295	325
Flüssige Mittel	20	10	5
Kurzfristige Forderungen	80	85	95

Cashflow

	20_1	20_2	20_3
Gewinn	20	9	−2
Abschreibungen	25	26	30
Zunahmen Forderungen L+L	0	0	10
Zunahmen Vorräte	1	3	4
Zunahmen Verbindlichkeiten L+L	6	8	11

a) Berechnen Sie den Verschuldungsfaktor.

	20_1	20_2	20_3
Effektivverschuldung			
Cashflow			
Verschuldungsfaktor			

b) Erklären Sie anhand dieses Zahlenbeispiels kurz das Wesen und die Bedeutung des Verschuldungsfaktors als Kennzahl.

Cashflow-Analyse

5.03

Die beiden Gesellschaften X und Y sind bis auf den Zinsfuss für die Verzinsung der Finanzschulden gleich (ceteris paribus)[1]. Es liegen folgende Zahlen vor:

	Gesellschaft X	Gesellschaft Y
Flüssige Mittel	40	40
Kurzfristige Forderungen	220	220
Operatives Fremdkapital	300	300
Finanzielles Fremdkapital	500	500
Durchschnittlicher Zinsfuss für Finanzschulden	6%	4%
Cashflow	90	100

a) Wie erklären Sie den unterschiedlichen Cashflow?

b) Berechnen Sie den Verschuldungsfaktor sowie den Zinsdeckungsfaktor.

	Gesellschaft X	Gesellschaft Y
Verschuldungsfaktor		
Zinsdeckungsfaktor		

c) Erklären Sie die unterschiedlichen Aussagen von Verschuldungsfaktor und Zinsdeckungsfaktor.

5.04

Wie beurteilen Sie die Qualität der von den Produktionsbetrieben A bis E erzielten Cashflows (ceteris paribus)[1]?

	A	B	C	D	E
Gewinn	85	30	50	28	45
+ Abschreibungen	20	60	24	40	20
+/− Veränderung Forderungen L+L	− 12	1	29	− 1	− 3
+/− Veränderung Vorräte	− 6	3	− 2	− 2	40
+/− Veränderung Verbindlichkeiten L+L	13	6	− 1	35	− 2
Cashflow	100	100	100	100	100
./. Investitionen	− 60	− 60	− 60	− 60	− 60
= Free Cashflow	40	40	40	40	40
./. Gewinnausschüttung	− 35	− 35	− 35	− 35	− 35
= Zunahme flüssige Mittel	5	5	5	5	5

[1] Der lateinische Begriff *ceteris paribus* bedeutet auf Deutsch *unter sonst gleichen Umständen*.

Mittelflussrechnung zum Fonds Nettoumlaufvermögen (NUV)

6.01

Dem Jahresabschluss eines Handelsbetriebs können folgende Informationen entnommen werden:

Schlussbilanzen

Aktiven	20_0	20_1	Passiven	20_0	20_1
Flüssige Mittel	30	22	Kreditoren	55	65
Debitoren	60	80	Finanzschulden	90	95
Warenvorrat	80	120	Aktienkapital	150	200
Anlagevermögen	260	298	Gewinnreserven	135	160
	430	520		430	520

Erfolgsrechnung 20_1

Warenertrag	900
./. Warenaufwand	– 500
./. Personalaufwand (= Ausgaben)	– 200
./. Abschreibungen	– 40
./. Übriger Aufwand (= Ausgaben)	– 100
= Gewinn	**60**

Zusätzliche Angaben

▷ Alle Ein- und Verkäufe von Waren erfolgten auf Kredit.
▷ Es wurde Anlagevermögen zum Buchwert von 8 veräussert.
▷ Die Finanzschulden sind langfristig.

Aufgaben

Erstellen Sie für das Jahr 20_1
▷ eine Mittelflussrechnung zum Fonds *flüssige Mittel* (= Geldflussrechnung)
▷ eine Mittelflussrechnung zum Fonds *Nettoumlaufvermögen*
▷ einen Nachweis der Zusammensetzung des Fonds *Nettoumlaufvermögen* am Anfang und Ende der Periode.

Mittelflussrechnung zum Fonds (NUV) — 6 — Aufgabe 01

Geldflussrechnung 20_1

Betriebstätigkeit (direkt)

Investitionstätigkeit

Finanzierungstätigkeit

=

Mittelflussrechnung zum NUV 20_1

Betriebstätigkeit (direkt)

Investitionstätigkeit

Finanzierungstätigkeit

=

Betriebstätigkeit (indirekt)

= Cashflow

Betriebstätigkeit (indirekt)

= Cashflow

Nettoumlaufvermögen NUV

	1. 1. 20_1	31. 12. 20_1	Veränderung
Flüssige Mittel			
+ Debitoren			
+ Warenvorrat			
./. Kreditoren			
= **Nettoumlaufvermögen**			

Aufgaben zur Repetition und Vertiefung

7.01[1]

Erstellen Sie für den Handelsbetrieb **Adelante AG** die Geldflussrechnung. Der Geldfluss aus Geschäftstätigkeit ist in der Geldflussrechnung indirekt und in einer separaten Rechnung direkt auszuweisen. Die Anzahl Hilfszeilen entspricht nicht der Musterlösung.

Schlussbilanzen

Aktiven	20_1	20_2	Passiven	20_1	20_2
Umlaufvermögen			**Fremdkapital**		
Flüssige Mittel	6	11	Verbindlichkeiten L+L (Kreditoren)	40	36
Forderungen L+L (Debitoren)	80	72	Passive Rechnungsabgrenzung	5	3
Warenvorräte	35	38	Finanzverbindlichkeiten	100	80
Aktive Rechnungsabgrenzung	4	5	Rückstellungen	9	12
Anlagevermögen			**Eigenkapital**		
Sachanlagen	290	320	Aktienkapital	90	100
./. WB Sachanlagen	–130	–160	Gesetzliche Kapitalreserve	9	14
			Gesetzliche Gewinnreserve	11	13
			Freiwillige Gewinnreserven	21	28
	285	286		285	286

Erfolgsrechnung 20_2

Warenertrag	800
./. Warenaufwand	–500
./. Mietaufwand	–42
./. Abschreibungen	–38
./. Zinsaufwand	–6
./. Bildung Rückstellungen	–7
+ Auflösung Rückstellungen	3
./. Diverser Baraufwand	–190
+ Gewinn aus Veräusserung von Sachanlagen	5
= **Gewinn**	**25**

Die aktiven und passiven Rechnungsabgrenzungen bestehen aus vorausbezahlten Mietzinsen sowie aufgelaufenen Zinsen für die Finanzverbindlichkeiten. Zinsausgaben stellen einen Geldfluss aus Geschäftstätigkeit dar. Die Verwendung von Rückstellungen erfolgte durch Bankzahlung.

Die Aktienkapitalerhöhung erfolgte durch Barliberierung.

Alle Käufe und Verkäufe von Sachanlagen erfolgten bar. Durch Verkäufe wurden Einnahmen von 16 erzielt.

---

[1] Die Aufgaben 7.01 bis 7.10 sind Geldflussrechnungen.
Die Aufgaben 7.20 bis 7.30 sind Planungsrechnungen.

Repetition und Vertiefung

7 Aufgabe 01

Geldflussrechnung 20_2

Geldfluss aus Geschäftstätigkeit

Geldfluss aus Investitionstätigkeit

Geldfluss aus Finanzierungstätigkeit

Geldfluss aus Geschäftstätigkeit (direkt) 20_2

7.02

Die **Gigasol AG** entwickelt und produziert seit vielen Jahren innovative Produkte im Bereich der Photovoltaik für Industrie-, Gewerbe und Privatkunden. Es liegen diese Informationen vor:

Schlussbilanz 31. 12. 20_6

Flüssige Mittel	13	Verbindlichkeiten L+L (Materiallieferanten)	11
Forderungen L+L (Kunden)	18	Passive Rechnungsabgrenzung (Zinsen)	1
Übrige kurzfristige Forderungen	3	Übriges kurzfristiges Fremdkapital	3
Materialvorrat	9	Langfristige Finanzverbindlichkeiten	36
Unfertige und fertige Erzeugnisse	11	Rückstellungen	8
Sachanlagen	90	Aktienkapital	30
./. Wertberichtigung Sachanlagen	– 20	Kapitalreserven	5
		Gewinnreserven	30
	124		124

Erfolgsrechnung 20_7

Fakturierter Verkaufserlös (Produktionserlös)	125
./. Bestandesänderung unfertige und fertige Erzeugnisse	– 3
./. Materialaufwand	– 32
./. Abschreibungen Sachanlagen	– 10
./. Sonstiger Betriebsaufwand	– 60
+ Gewinn aus Veräusserung von Sachanlagen	1
= **EBIT**	**21**
./. Zinsaufwand	– 2
./. Steueraufwand (= Ausgaben)	– 4
= **Gewinn**	**15**

Rückstellungsspiegel 20_7

Anfangsbestand	8
+ Bildung	2
./. Auflösung	– 3
./. Verwendung	– 1
= Schlussbestand	6

Zusätzliche Angaben zum Jahr 20_7

▷ Im Mai 20_7 wurde das Aktienkapital um nominal 6 mit einem Agio von 2 erhöht. Die Liberierung erfolgte durch Einbringung einer Sachanlage.

▷ Die Bildung und die Auflösung von Rückstellungen werden über den sonstigen Betriebsaufwand erfasst.

▷ Im Jahr 20_7 wurden Sachanlagen mit einem Anschaffungswert von 31 gegen Barzahlung erworben und Sachanlagen mit einem Anschaffungswert von 5 gegen Barzahlung verkauft.

▷ Die Dividendenausschüttung erfolgte bar.

Erstellen Sie die Geldflussrechnung. Der Geldfluss aus Betriebstätigkeit ist in der Geldflussrechnung indirekt und in einer Nebenrechnung direkt auszuweisen.

Repetition und Vertiefung — **7** Aufgabe 02

Geldflussrechnung 20_7

Geldfluss aus

Geldfluss aus

= Geldfluss aus

Geldfluss aus

Geldfluss aus

=

Schlussbilanz 31.12.20_7

Flüssige Mittel		Verbindlichkeiten L+L (Materiallieferanten)	10
Forderungen L+L (Kunden)	22	Passive Rechnungsabgrenzung (Zinsen)	2
Übrige kurzfristige Forderungen	3	Übriges kurzfristiges Fremdkapital	3
Materialvorrat	7	Langfristige Finanzverbindlichkeiten	50
Unfertige und fertige Erzeugnisse		Rückstellungen	
Sachanlagen		Aktienkapital	
./. Wertberichtigung Sachanlagen	−28	Kapitalreserven	
		Gewinnreserven	38

7.03

Von der **Permafrost AG** – Handel mit Kühlgeräten aller Art – liegen diese Rechnungen vor:

Schlussbilanzen	Aktuell	Vorjahr
Flüssige Mittel	15	9
Forderungen aus Lieferungen und Leistungen	53	58
Sonstige kurzfristige Forderungen	3	3
Warenvorrat	12	9
Rechnungsabgrenzung	3	1
Umlaufvermögen	**86**	**80**
Sachanlagen	160	140
Wertberichtigung Sachanlagen	– 70	– 50
Anlagevermögen	**90**	**90**
Aktiven	**176**	**170**
Verbindlichkeiten aus Lieferungen und Leistungen	17	13
Sonstige kurzfristige Verbindlichkeiten	3	2
Rechnungsabgrenzung	1	2
Kurzfristige Verbindlichkeiten	**21**	**17**
Langfristige Finanzverbindlichkeiten	48	65
Rückstellungen	5	8
Langfristige Verbindlichkeiten	**53**	**73**
Aktienkapital	50	40
Kapitalreserven	13	8
Gewinnreserven	39	32
Eigenkapital	**102**	**80**
Passiven	**176**	**170**

Erfolgsrechnung	Aktuell
Warenertrag	800
Warenaufwand	– 500
Personalaufwand	– 110
Raumaufwand	– 50
Abschreibungen Sachanlagen	– 30
Sonstiger Betriebsaufwand	– 90
Gewinn aus Veräusserung Sachanlagen	2
EBIT	**22**
Zinsaufwand	– 3
Steueraufwand (Ausgaben)	– 4
Gewinn	**15**

Es sind diese Zusatzinformationen verfügbar:

▷ Die Forderungen und Verbindlichkeiten aus Lieferungen und Leistungen betreffen Warenverkäufe und Wareneinkäufe.

▷ Der Anstieg der sonstigen kurzfristigen Verbindlichkeiten ist auf die Zunahme geschuldeter Sozialversicherungsbeiträge zurückzuführen.

▷ Die Veränderungen der Rechnungsabgrenzungen betreffen vorausbezahlte Mietzinse und aufgelaufene Kapitalzinsen.

▷ Die Bildung einer Rückstellung von 2 sowie die Auflösung einer Rückstellung von 1 wurden als sonstiger Betriebsaufwand erfasst. Die Verwendung erfolgte bar.

▷ Die Aktienkapitalerhöhung wurde bar liberiert.

▷ Der Buchwert der verkauften Sachanlagen belief sich auf 7.

▷ Die Dividende wurde bar ausbezahlt.

Repetition und Vertiefung — **7** Aufgabe 03

Erstellen Sie für das aktuelle Jahr die Geldflussrechnung mit direktem Ausweis des Geldflusses aus Betriebstätigkeit. Im Anhang zur Jahresrechnung ist der Geldfluss aus Betriebstätigkeit indirekt nachzuweisen.

Geldflussrechnung

Geldfluss aus Betriebstätigkeit	
Geldfluss aus Investitionstätigkeit	
Geldfluss aus Finanzierungstätigkeit	
Zunahme flüssige Mittel	

Geldfluss aus Betriebstätigkeit (indirekt)

Geldfluss aus Betriebstätigkeit	

7.04

Erstellen Sie für den Handelsbetrieb **Bravour AG** die Geldflussrechnung zum Fonds nettoflüssige Mittel. Der Geldfluss aus Geschäftstätigkeit ist in der Geldflussrechnung direkt und in einer Nebenrechnung indirekt auszuweisen. Die Zinsen gehören zur Geschäftstätigkeit. Die Zusammensetzung des Fonds am Anfang und am Ende der Periode ist aufzuzeigen.

Es liegen diese Informationen vor:

Schlussbilanzen per 31.12.

Aktiven	20_4	20_5	Passiven	20_4	20_5
Kasse	10	8	Bank-Kontokorrent	44	52
Post	12	16	Verbindlichkeiten L+L (Kreditoren)	104	110
Forderungen L+L (Debitoren)	180	186	Aufgelaufene Zinsen (PRA)	6	7
Vorausbezahlte Mietzinse (ARA)	22	24	Bankdarlehen	300	340
Warenvorrat	110	120	Rückstellungen	24	38
Sachanlagen	700	900	Aktienkapital	240	300
./. WB Sachanlagen	–200	–260	Gesetzliche Kapitalreserve	16	36
			Gesetzliche Gewinnreserve	60	65
			Freiwillige Gewinnreserven	40	46
	834	994		834	994

Erfolgsrechnung 20_5

Warenertrag	2 000
./. Warenaufwand	–1 300
= **Bruttogewinn**	700
./. Mietzinsaufwand	–80
./. Abschreibungen Sachanlagen	–100
./. Bildung von Rückstellungen	–24
+ Auflösung von Rückstellungen	6
./. Übriger Aufwand (= Ausgaben)	–430
+ Gewinn aus Veräusserung von Sachanlagen	7
= **EBIT**	79
./. Zinsaufwand	–23
./. Steueraufwand (= Ausgaben)	–13
= **Gewinn**	43

Zusätzliche Angaben zum Jahr 20_5

▷ Die Aktienkapitalerhöhung wurde von den Aktionären bar liberiert.

▷ In der Rechnungsperiode wurden Sachanlagen bar verkauft, die einen Buchwert von 10 aufwiesen.

Repetition und Vertiefung — 7 Aufgabe 04

Netto-flüssige Mittel 20_5

	1.1.	31.12.	Δ

Geldflussrechnung 20_5

Cashflow indirekt 20_5

7.05

Erstellen Sie für die **Oleum Lini AG,** einer Produzentin für Wand- und Bodenbeläge, die Geldflussrechnung, und vervollständigen Sie die Schlussbilanz. Der Geldfluss aus Betriebstätigkeit ist in der Geldflussrechnung direkt und in einer Nebenrechnung indirekt auszuweisen.

Schlussbilanz 31.12.20_3

Flüssige Mittel	15	Verbindlichkeiten L+L (Materiallieferanten)	23
Forderungen L+L (Kunden)	50	Vorauszahlungen von Kunden	7
Materialvorrat	18	Aufgelaufene Hypothekarzinsen (PRA)	2
Unfertige und fertige Erzeugnisse	23	Leasingverbindlichkeiten	83
Finanzanlagen	60	Hypotheken	63
Sachanlagen	160	Rückstellungen	15
./. Wertberichtigung Sachanlagen	− 50	Aktienkapital	90
Sachanlagen im Leasing	110	Kapitalreserven	5
./. Wertberichtigung Sachanlagen im Leasing	− 30	Gewinnreserven	68
	356		356

Erfolgsrechnung 20_4

	Fakturierter Verkaufserlös (Produktionserlös)	400
+	Bestandesänderung unfertige und fertige Erzeugnisse	5
./.	Materialaufwand	− 120
./.	Abschreibungen Sachanlagen	− 30
./.	Sonstiger Betriebsaufwand	− 206
+	Gewinn aus Veräusserung von Sachanlagen	3
=	**EBIT**	52
./.	Zinsaufwand	− 7
+	Ertrag Finanzanlagen	5
./.	Steueraufwand (= Ausgaben)	− 9
=	**Gewinn**	41

Rückstellungsspiegel 20_4

	Anfangsbestand	15
+	Bildung	6
./.	Auflösung	− 2
./.	Verwendung	− 5
=	Schlussbestand	14

Zusätzliche Angaben zum Jahr 20_4

▷ Die Aktienkapitalerhöhung von nominal 20 mit Agio von 7 wurde durch Einbringung von Sachanlagen liberiert.

▷ Die Bildung und die Auflösung von Rückstellungen werden über den sonstigen Betriebsaufwand erfasst.

▷ In der Berichtsperiode wurden gegen Barzahlung Sachanlagen mit einem Buchwert von 12 verkauft und neue Sachanlagen für 30 gekauft.

▷ Die Dividenden werden bar ausgeschüttet.

▷ Die Finanzanlagen bestehen aus kotierten Aktien, die zum Börsenkurs bewertet werden. Es erfolgten keine Käufe oder Verkäufe.

Repetition und Vertiefung — 7 Aufgabe 05

Geldflussrechnung 20_4

Geldfluss aus

Geldfluss aus

Geldfluss aus

=

Geldfluss aus

=

Schlussbilanz 31.12.20_4

Flüssige Mittel		Verbindlichkeiten L+L (Materiallieferanten)	21
Forderungen L+L (Kunden)	56	Vorauszahlungen von Kunden	4
Materialvorrat	17	Aufgelaufene Hypothekarzinsen (PRA)	1
Unfertige und fertige Erzeugnisse	28	Leasingverbindlichkeiten	85
Finanzanlagen	62	Hypotheken	56
Sachanlagen		Rückstellungen	
./. Wertberichtigung Sachanlagen	− 66	Aktienkapital	
Sachanlagen im Leasing	120	Kapitalreserven	
./. Wertberichtigung Sachanlagen im Leasing	− 40	Gewinnreserven	79

183

Repetition und Vertiefung 7

7.06

Die **Terminixx AG** bekämpft, beseitigt, vernichtet und vertreibt Schädlinge wie Schaben, Flöhe, Motten oder Bettwanzen und unterstützt bei der Marder- und Taubenabwehr sowie der Mäuse- und Rattenbekämpfung.

Schlussbilanzen	Aktuell	Vorjahr
Flüssige Mittel	16	11
Forderungen aus Lieferungen und Leistungen	50	54
Sonstige kurzfristige Forderungen	7	7
Materialvorrat	11	8
Rechnungsabgrenzung	3	1
Umlaufvermögen	**87**	**81**
Sachanlagen	220	190
Wertberichtigung Sachanlagen	-110	-90
Finanzanlagen	29	30
Anlagevermögen	**139**	**130**
Aktiven	**226**	**211**
Verbindlichkeiten aus Lieferungen und Leistungen	36	28
Sonstige kurzfristige Verbindlichkeiten	6	5
Rechnungsabgrenzung	2	3
Kurzfristige Verbindlichkeiten	**44**	**36**
Langfristige Finanzverbindlichkeiten	75	87
Rückstellungen	7	10
Langfristige Verbindlichkeiten	**82**	**97**
Aktienkapital	50	40
Kapitalreserven	12	4
Gewinnreserven	38	34
Eigenkapital	**100**	**78**
Passiven	**226**	**211**

Erfolgsrechnung	Aktuell
Erlös aus Lieferungen und Leistungen	**700**
Materialaufwand	-200
Personalaufwand	-300
Raumaufwand	-60
Abschreibungen Sachanlagen	-30
Sonstiger Betriebsaufwand	-90
Gewinn aus Veräusserung Sachanlagen	5
EBIT	**25**
Zinsaufwand	-6
Beteiligungsertrag	3
Gewinn vor Ertragssteuern	**22**
Ertragssteuern (Ausgaben)	-4
Gewinn	**18**

Es sind diese Zusatzinformationen verfügbar:

▷ Der Nettoerlös ergibt sich aus erbrachten Dienstleistungen und verkauften Produkten zur Schädlingsbekämpfung wie Insektiziden, Fungiziden, Herbiziden und Pestiziden sowie Rattenfallen und anderen Geräten.

▷ Die Verbindlichkeiten aus Lieferungen und Leistungen setzen sich wie folgt zusammen:

	Aktuell	Vorjahr
Materialeinkäufe	23	16
Sonstiger Betriebsaufwand	8	11
Käufe von Sachanlagen	5	1
	36	28

▷ Der Anstieg der sonstigen kurzfristigen Verbindlichkeiten ist auf die Zunahme geschuldeter Sozialversicherungsbeiträge zurückzuführen.

Repetition und Vertiefung — 7 Aufgabe 06

▷ Die Veränderungen der Rechnungsabgrenzungen sind auf vorausbezahlte Mietzinse und aufgelaufene Kapitalzinsen zurückzuführen. Zinsausgaben sind als Geldfluss aus Betriebstätigkeit auszuweisen.

▷ Die Bildung einer Rückstellung von 7 sowie die Auflösung einer Rückstellung von 6 wurden als sonstiger Betriebsaufwand erfasst.

▷ Ein im Finanzierungsleasing erworbenes Fahrzeug führte zu einer Erhöhung der Sachanlagen und der langfristigen Finanzverbindlichkeiten um je 10. Die für das laufende Jahr bezahlte Leasingrate betrug 3 (Amortisation 2, Zins 1). Vereinfachend ist die Umbuchung von innerhalb eines Jahres fälligen Leasingraten vom langfristigen ins kurzfristige Fremdkapital zu vernachlässigen.

▷ Die Aktienkapitalerhöhung mit Agio wurde bar liberiert.

▷ Der Buchwert der verkauften Sachanlagen belief sich auf 7.

▷ Die Finanzanlagen bestehen aus börsenkotierten Aktien, die zum Marktwert bewertet werden. Die Dividendenerträge (Einnahmen) betrugen 2.

▷ Die Dividende der Terminixx AG wurde bar ausbezahlt.

Erstellen Sie die Geldflussrechnung mit direktem Nachweis des Geldflusses aus Betriebstätigkeit. Im Anhang zur Jahresrechnung ist der Geldfluss aus Betriebstätigkeit indirekt nachzuweisen.

Geldflussrechnung

Geldfluss aus Betriebstätigkeit	
Geldfluss aus Investitionstätigkeit	
Geldfluss aus Finanzierungstätigkeit	
Zunahme flüssige Mittel	

Geldfluss aus Betriebstätigkeit (indirekt)

Gewinn	
Geldfluss aus Betriebstätigkeit	

7.07

Von der **Organic AG,** einem Handelsunternehmen für biozertifizierte Nahrungsmittel, liegen die Schlussbilanzen und die Erfolgsrechnung vor.

Schlussbilanzen	Aktuell	Vorjahr
Flüssige Mittel	11	9
Forderungen aus Lieferungen und Leistungen	36	31
Wertberichtigung Forderungen	– 2	– 1
Sonstige kurzfristige Forderungen	7	7
Vorräte	24	19
Rechnungsabgrenzung	3	1
Umlaufvermögen	**79**	**66**
Sachanlagen	180	150
Wertberichtigung Sachanlagen	– 90	– 70
Finanzanlagen	44	40
Anlagevermögen	**134**	**120**
Aktiven	**213**	**186**
Verbindlichkeiten aus Lieferungen und Leistungen	25	22
Sonstige kurzfristige Verbindlichkeiten	4	4
Rechnungsabgrenzung	3	2
Kurzfristige Verbindlichkeiten	**32**	**28**
Langfristige Finanzverbindlichkeiten	68	60
Rückstellungen	8	10
Langfristige Verbindlichkeiten	**76**	**70**
Aktienkapital	60	50
Kapitalreserven	15	10
Gewinnreserven	30	28
Eigenkapital	**105**	**88**
Passiven	**213**	**186**

Erfolgsrechnung	Aktuell
Nettoerlös aus Lieferungen und Leistungen	600
Warenaufwand	– 400
Bruttogewinn	**200**
Personalaufwand	– 100
Raumaufwand	– 30
Abschreibungen Sachanlagen	– 26
Sonstiger Betriebsaufwand	– 32
Gewinn aus Veräusserung Sachanlagen	2
EBIT	**14**
Zinsaufwand	– 4
Beteiligungsertrag	5
Gewinn vor Ertragssteuern	**15**
Ertragssteuern	– 3
Gewinn	**12**

Es sind diese Zusatzinformationen verfügbar:

▷ Die Forderungen und Verbindlichkeiten aus Lieferungen und Leistungen betreffen Warenlieferungen.

▷ Der Nettoerlös aus Lieferungen und Leistungen ergibt sich wie folgt:

Bruttoerlös aus Lieferungen und Leistungen (fakturierter Warenertrag)	605
./. Debitorenverluste (Abschreibung einer Kundenforderung)	– 4
./. Anpassung Delkredere (Wertberichtigung Forderungen)	– 1
= Nettoerlös aus Lieferungen und Leistungen	600

▷ Die Veränderungen der Rechnungsabgrenzungen sind auf vorausbezahlte Mietzinse und aufgelaufene Kapitalzinsen zurückzuführen. Zinsausgaben sind als Geldfluss aus Betriebstätigkeit auszuweisen.

▷ Der Personalaufwand und die Ertragssteuern stellen Baraufwand dar.

Repetition und Vertiefung — **7** Aufgabe 07

▷ Die Bildung einer Rückstellung von 6 sowie die Auflösung einer Rückstellung von 5 wurden als sonstiger Betriebsaufwand erfasst.
▷ Die Aktienkapitalerhöhung mit Agio erfolgte durch Einbringung von Sachanlagen.
▷ Der Buchwert der verkauften Sachanlagen belief sich auf 8.
▷ Die Finanzanlagen bestehen aus börsenkotierten Aktien, die zum Marktwert bewertet werden. Die Dividendenerträge (bar) betrugen 4.
▷ Die Dividende der Organic AG wurde bar ausbezahlt.

Erstellen Sie die Geldflussrechnung mit direktem Nachweis des Geldflusses aus Betriebstätigkeit. Im Anhang zur Jahresrechnung ist der Geldfluss aus Betriebstätigkeit indirekt nachzuweisen.

Geldflussrechnung

Geldfluss aus Betriebstätigkeit	
Geldfluss aus Investitionstätigkeit	
Geldfluss aus Finanzierungstätigkeit	
Zunahme flüssige Mittel	

Geldfluss aus Betriebstätigkeit (indirekt)

Gewinn	
Geldfluss aus Betriebstätigkeit	

7.08

Erstellen Sie für die **Produktion AG** aufgrund der folgenden Informationen die Geldflussrechnung mit indirektem Ausweis des Geldflusses aus Betriebstätigkeit. Dieser ist in einer Nebenrechnung auch direkt nachzuweisen.

Schlussbilanzen	Aktuell	Vorjahr
Flüssige Mittel	11	21
Forderungen aus Lieferungen und Leistungen	60	64
Wertberichtigung Forderungen	– 1	– 2
Sonstige kurzfristige Forderungen	5	5
Vorräte	47	44
Rechnungsabgrenzung	3	2
Umlaufvermögen	**125**	**134**
Sachanlagen	350	320
Wertberichtigung Sachanlagen	– 150	– 120
Finanzanlagen	36	30
Anlagevermögen	**236**	**230**
Aktiven	**361**	**364**
Verbindlichkeiten aus Lieferungen und Leistungen	35	40
Sonstige kurzfristige Verbindlichkeiten	5	5
Rechnungsabgrenzung	1	3
Kurzfristige Verbindlichkeiten	**41**	**48**
Langfristige Finanzverbindlichkeiten	100	150
Rückstellungen	10	8
Langfristige Verbindlichkeiten	**110**	**158**
Aktienkapital	130	100
Kapitalreserven	24	8
Gewinnreserven	56	50
Eigenkapital	**210**	**158**
Passiven	**361**	**364**

Erfolgsrechnung	Aktuell
Nettoerlös aus Lieferungen und Leistungen	500
Bestandesänderung unfertige und fertige Erzeugnisse	10
Aktivierte Eigenleistung	16
Produktionsertrag	**526**
Materialaufwand	– 200
Abschreibungen Sachanlagen	– 45
Übriger Betriebsaufwand	– 260
Gewinn aus Veräusserung Sachanlagen	4
EBIT	**25**
Zinsaufwand	– 7
Beteiligungsertrag	6
Gewinn vor Ertragssteuern	**24**
Ertragssteuern	– 5
Gewinn	**19**

Es sind diese Zusatzinformationen verfügbar:

▷ Die Forderungen und Verbindlichkeiten aus Lieferungen und Leistungen betreffen Verkäufe von fertigen Erzeugnissen und Einkäufe von Material.

▷ Der Nettoerlös aus Lieferungen und Leistungen ergibt sich wie folgt:

Bruttoerlös aus Lieferungen und Leistungen (fakturierter Fabrikateverkauf)	502
./. Debitorenverluste (Abschreibung einer Kundenforderung)	– 3
+ Anpassung Delkredere (Wertberichtigung Forderungen)	1
= Nettoerlös aus Lieferungen und Leistungen	500

▷ Die Veränderungen der Rechnungsabgrenzungen sind auf vorausbezahlte Mietzinse und aufgelaufene Kapitalzinsen zurückzuführen. Zinsausgaben sind Teil des Geldflusses aus Betriebstätigkeit.

Repetition und Vertiefung — **7** Aufgabe 08

▷ Die Auflösung einer Rückstellung von 4 und die Bildung einer Rückstellung von 9 wurden als übriger Betriebsaufwand erfasst.
▷ Die Eigenleistungen betrafen Sachanlagen. Vereinfachend ist davon auszugehen, dass alle Eigenleistungen Ausgaben verursachten.
▷ Die Aktienkapitalerhöhung mit Agio erfolgte durch Barliberierung.
▷ Der Buchwert der verkauften Sachanlagen belief sich auf 10.
▷ Die Finanzanlagen bestehen aus börsenkotierten Aktien, die zum Marktwert bewertet werden. Die Dividendenerträge (bar) betrugen 2.
▷ Die Dividendenausschüttung der Produktion AG erfolgte bar.

Geldflussrechnung	
Geldfluss aus Betriebstätigkeit	
Geldfluss aus	
Geldfluss aus	
Abnahme	

Geldfluss aus Betriebstätigkeit (direkt)	
Geldfluss aus Betriebstätigkeit	

Repetition und Vertiefung 7

7.09
Vervollständigen Sie die Abschlussrechnungen der **GAP AG**.

Schlussbilanzen

Aktiven	20_1	20_2
Flüssige Mittel		
Forderungen L+L (Kunden)	70	
Vorrat Material		26
Vorrat unfertige und fertige Erzeugnisse	50	
Aktive Rechnungsabgrenzung (Mietzinse)	6	
Sachanlagen	400	480
./. Wertberichtigung Sachanlagen	–180	–234

Passiven	20_1	20_2
Verbindlichkeiten L+L (Materiallieferanten)	30	
Passive Rechnungsabgrenzung (Zinsen)	3	2
Finanzverbindlichkeiten		60
Rückstellungen	7	9
Aktienkapital	150	180
Kapitalreserven	10	
Gewinnreserven	80	

Geldflussrechnung 20_2

Geldfluss aus Betriebstätigkeit
- Zahlungen von Kunden
- ./. Zahlungen an (Material-)Lieferanten
- ./. Zahlungen für Raumaufwand   –41
- ./. Zahlungen für Zinsen
- ./. Zahlungen für übrigen Aufwand
- ./. Verwendung Rückstellungen   –3

Geldfluss aus Investitionstätigkeit
- ./. Kauf von Sachanlagen
- + Verkauf von Sachanlagen (Buchwert 12)

Geldfluss aus Finanzierungstätigkeit
- + Kapitalerhöhung
- ./. Abnahme Finanzverbindlichkeiten   –37
- ./. Gewinnausschüttung   –31   –18

=

Erfolgsrechnung 20_2

Fabrikateertrag (Produktionserlös)	600
./. Bestandesänderung Erzeugnisse	–9
./. Materialaufwand	–100
./. Raumaufwand	–40
./. Abschreibungen	–60
./. Zinsaufwand	–5
./. Übriger Aufwand	–350
+ Veräusserungsgewinn	3
= **Gewinn**	**39**

Geldfluss aus Betriebstätigkeit (indirekt)

+ Forderungen L+L	4
./. Vorrat Material	–6
+ Verbindlichkeiten L+L	5
= **Geldfluss aus Betriebstätigkeit**	

7.10

Wie lauten die Antworten zu diesen Theoriefragen?

a) Was ist eine Geldflussrechnung?
b) Was sind Einnahmen und Ausgaben?
c) Wie werden Geldflussrechnungen gegliedert?
d) Wie setzen sich die flüssigen Mittel zusammen?
e) Welche Fondstypen sind ausser den flüssigen Mitteln erlaubt (nach Swiss GAAP FER bzw. IFRS)?
f) Wie lässt sich der operative Cashflow errechnen?
g) Welches sind sechs wichtige Beispiele von Differenzen bei der indirekten Cashflow-Berechnung?
h) Weshalb verändert sich der operative Cashflow bei Erhöhung der Abschreibungen auf dem Anlagevermögen nicht?
i) Welcher Begriff wird manchmal für einen negativen Cashflow verwendet?
k) Warum ist der operative Cashflow eine unverzichtbare Grösse bei der Beurteilung der finanziellen Lage einer Unternehmung?
l) Was versteht man unter Free Cashflow?
m) Warum hat eine Unternehmung nur dann etwas Wert, wenn sie langfristig einen positiven Free Cashflow erzeugen kann?
n) Welche Vorgänge sind als Geldfluss aus Investitionstätigkeit darzustellen?
o) Welche Vorgänge sind als Geldfluss aus Finanzierungstätigkeit darzustellen?
p) Wie sind nichtliquiditätswirksame Investitions- und Finanzierungstätigkeiten in der Geldflussrechnung darzustellen (zum Beispiel die Erhöhung des Aktienkapitals durch Sacheinlagen, die Umwandlung von Fremd- in Eigenkapital, der Erwerb von Vermögenswerten im Finanzleasing)?
q) Wie sind Veränderungen an unausgeschöpften Kreditlimiten in der Geldflussrechnung zu berücksichtigen?
r) Welches sind die drei wichtigsten Vorteile der dynamischen Liquiditätsanalyse mittels Geldflussrechnung gegenüber der statischen Analyse mithilfe der Liquiditätsgrade 1 bis 3?

Repetition und Vertiefung

7.20

Erstellen Sie die Gesamtpläne für die **Kontinuum AG** aufgrund der folgenden Angaben:

▷ In den Planjahren 20_2 und 20_3 wird ein Ansteigen der Verkaufsumsätze von jährlich 10% gegenüber dem jeweiligen Vorjahr erwartet. Die Bruttogewinnmarge bleibt voraussichtlich konstant.

▷ Mit den grösseren Umsätzen steigen auch die Debitoren, Kreditoren und Lager um jeweils 10% gegenüber dem Vorjahr.

▷ Die Rechnungsabgrenzungen betreffen ausschliesslich in der Aufgabe erwähnte Tatbestände.

▷ Die Lohnsumme vergrössert sich vermutlich jährlich um 20.

▷ Die Abschreibungen sind linear vorzunehmen.

▷ Ab 30. 4. 20_2 (dem halbjährlichen Zinstermin) ist eine Erhöhung des Hypothekarzinsfusses um 2% einzuplanen. Per 30. 4. 20_3 soll die Hypothek um 200 vermindert werden.

▷ Für den Kaufpreis von 90 ist auf Anfang August 20_2 die Inbetriebnahme eines Lastwagens mit einer Nutzungsdauer von 7 Jahren bei einem Restwert von 6 am Ende der Nutzungsdauer geplant.

▷ Auf November 20_2 ist eine Aktienkapitalerhöhung mit Barliberierung von 100 mit einem Agio von 40% zu planen.

▷ Die Zinserträge auf den flüssigen Mitteln sowie alle Steuerfolgen sind der Einfachheit halber zu vernachlässigen.

(Plan-)Schlussbilanzen per 31. 12.

	20_0 Aktiven	20_0 Passiven	20_1 Aktiven	20_1 Passiven	20_2 Aktiven	20_2 Passiven	20_3 Aktiven	20_3 Passiven
Flüssige Mittel	24							
Forderungen L+L	465		500					
Warenvorrat	250		300					
Sachanlagen	995		955					
Verbindlichkeiten L+L		370		440				
Passive Rechnungsabgrenzung		4						
Hypothek		600						
Aktienkapital		500						
Kapitalreserven		0						
Gewinnreserven		260						
	1 734	1 734						

Repetition und Vertiefung — **7** Aufgabe 20

Plan-Erfolgsrechnungen

	20_1	20_2	20_3
Verkaufsertrag	4 000		
./. Warenaufwand	– 2 800		
./. Personalaufwand (= Ausgaben)	– 500		
./. Zinsaufwand			
./.			
./. Übriger Aufwand (= Ausgaben)	– 550	– 630	– 730
= Gewinn			

Plan-Geldflussrechnungen

	20_1	20_2	20_3
./.			
./. Zahlungen ans Personal			
./.			
./. Zahlungen für übrigen Aufwand			
= Operativer Cashflow			
./.			
= Free Cashflow			
+			
./.			
./. Gewinnausschüttungen	– 40	– 50	– 60
=			

Repetition und Vertiefung

7

7.21

Die **Maidstone AG** betreibt einen Grosshandel mit Sand-, Granit- und Porphyrsteinen.

Vervollständigen Sie die Gesamtpläne für die Jahre 20_1 bis 20_3 mithilfe dieser Zusatzangaben:

▷ Die geplante Bruttogewinnmarge beträgt 30% (20_1 und 20_2). Um den Umsatz zu steigern, werden die Verkaufspreise 20_3 gesenkt, sodass die Bruttogewinnmarge nur noch 25% beträgt.

▷ Als Folge der höheren Umsätze ist mit einem Anstieg der Forderungen aus Lieferungen und Leistungen von 7 (20_1), 6 (20_2) bzw. 4 (20_3) zu rechnen.

▷ Wegen wachsender Umsätze sind auch zunehmende Warenvorräte und Lieferantenverbindlichkeiten zu erwarten.

▷ Die Abschreibungen erfolgen linear; innerhalb eines Jahres sind sie pro rata temporis (zeitanteilig) vorzunehmen.

▷ Die passive Rechnungsabgrenzung besteht einzig aus aufgelaufenen Zinsen auf dem Darlehen, das jährlich am 30.04. nachschüssig verzinslich ist.

▷ Am 30.04.20_2 soll das Darlehen um 50 zurückbezahlt werden. Ab diesem Datum ist neu mit einem Zinsfuss von 4% p.a. zu rechnen.

▷ Auf März 20_2 ist eine Aktienkapitalerhöhung mit Barliberierung von nominal 30 mit einem Agio von 30% zu planen.

Aktiven per 31.12.

	20_0	20_1	20_2	20_3
Flüssige Mittel	10			
+ Forderungen L+L	67			
+ Warenvorräte	40	45	49	51
+ Sachanlagen	450			
./. Wertberichtigung Sachanlagen	− 150	− 180		
= Bilanzsumme	417			

Passiven per 31.12.

	20_0	20_1	20_2	20_3
Verbindlichkeiten L+L	43	46	51	53
+ Passive Rechnungsabgrenzung	8			
+ Darlehen	200			
+ Aktienkapital	100			
+ Kapitalreserven	0			
+ Gewinnreserven	66			58
= Bilanzsumme	417			

Repetition und Vertiefung — 7 Aufgabe 21

▷ Im Februar 20_2 ist der Kauf einer Sachanlage für 52 geplant. Die Inbetriebnahme erfolgt Anfang März 20_2. Die Nutzungsdauer beträgt voraussichtlich 4 Jahre, der Restwert am Ende der Nutzungsdauer 4. In den Jahren 20_1 und 20_3 sind keine Investitionen geplant.

▷ Per Ende 20_3 ist der Verkauf einer Sachanlage zum Buchwert von 9 gegen bar geplant. Der Anschaffungswert der zu veräussernden Sachanlage beträgt 40. In den Jahren 20_1 und 20_2 sind keine Desinvestitionen vorgesehen.

▷ Zu vernachlässigen sind die Zinserträge auf den flüssigen Mitteln sowie alle Steuerfolgen.

Plan-Erfolgsrechnungen

	20_1	20_2	20_3
Warenertrag	700	720	800
./. Warenaufwand	– 490		
./. Abschreibungen			
./. Zinsaufwand			
./. Diverser Baraufwand	– 145	– 149	– 151
= Gewinn			

Plan-Geldflussrechnungen

	20_1	20_2	20_3
Zahlungen von Kunden			
./. Zahlungen an Lieferanten			
	– 145	– 149	– 151
= Cashflow			
./.			
+			
=			
+ Aussenfinanzierung			
./. Definanzierung			
./. Gewinnausschüttung	– 19	– 19	
=			

7.22

Bei der **Epsilon AG** zeichnet sich im ersten Halbjahr 20_1 nach ersten groben Schätzungen ein Liquiditätsengpass ab, weshalb sich die Geschäftsleitung mithilfe von Budgets einen Überblick über die finanzielle Situation verschaffen will. Gleichzeitig sollen die Budgets als Unterlagen für allfällige Kreditverhandlungen mit den Banken dienen.

Mithilfe des Lösungsblatts auf der nächsten Seite sind folgende Planungsrechnungen (Budgets) auf ganze Zahlen genau zu erstellen:

▷ Plan-Erfolgsrechnung (Erfolgs-Budget) für das erste Halbjahr 20_1

▷ Plan-Geldflussrechnung (Liquiditäts-Budget) für das erste Halbjahr 20_1

▷ Plan-Schlussbilanz per 30. 6. 20_1

Es liegen folgende Informationen vor:

▷ **Schlussbilanz per 31. 12. 20_0**

Aktiven		Passiven	
Flüssige Mittel	18	Kreditoren	190
Debitoren	160	Aufgelaufene Zinsen	4
Vorräte	120	Bankdarlehen	240
Anlagevermögen	300	Aktienkapital	100
		Gesetzliche Gewinnreserve	18
		Freiwillige Gewinnreserven	46
	598		598

▷ Die geplanten Warenverkäufe (Erträge) sind bereits in der Plan-Erfolgsrechnung eingetragen. Die Kunden zahlen jeweils nach 30 Tagen.

▷ Der Warenaufwand beträgt voraussichtlich konstant 60% des Warenertrags. Die Waren werden 30 Tage vor dem Verkauf eingekauft und nach 60 Tagen bezahlt. Beispiel: Einkauf im März, Verkauf (Verbrauch) im April, Lieferantenzahlung im Mai.

▷ Der Personalaufwand ist schon in der Plan-Erfolgsrechnung eingetragen. Im Dezember wird ein 13. Monatslohn ausbezahlt.

▷ Allfällige Zinserträge aus der kurzfristigen Anlage der flüssigen Mittel können vernachlässigt werden. Das Bankdarlehen ist am 28. Februar und am 31. August halbjährlich zu verzinsen. Der Zinsfuss ist konstant.

▷ Das per 1. 1. 20_1 bestehende Anlagevermögen ist linear um 24 pro Jahr abzuschreiben.

▷ Anfang Juni wird ein neues Fahrzeug für 56 gegen bar gekauft und sofort in Betrieb genommen. Die Nutzungsdauer beträgt 4 Jahre bei linearer Abschreibung auf einen Restwert von 8.

▷ An der Generalversammlung vom April wird voraussichtlich eine Dividende von 20% beschlossen und eine Zuweisung an die gesetzliche Gewinnreserve von 3 vorgenommen. Die Nettodividende wird sofort an die Aktionäre ausbezahlt, die Verrechnungssteuer im nächsten Monat an die Steuerverwaltung überwiesen.

Repetition und Vertiefung — 7 — Aufgabe 22

Plan-Erfolgsrechnung 1.1. bis 30.6.20_1

	Januar	Februar	März	April	Mai	Juni	Total
Warenertrag	200	200	250	200	200	150	1 200
./. Warenaufwand							
./. Personalaufwand	– 13	– 13	– 13	– 13	– 13	– 13	– 78
./. Zinsaufwand							
./. Abschreibungen							
./. Übriger Baraufwand	– 62	– 62	– 80	– 62	– 62	– 43	– 371
= Gewinn							

Plan-Geldflussrechnung 1.1. bis 30.6.20_1

	Januar	Februar	März	April	Mai	Juni	Total
Kundenzahlungen							
./. Lieferantenzahlungen							
./. Personalzahlungen							
./. Zinszahlungen							
./. Übriger Baraufwand	– 62	– 62	– 80	– 62	– 62	– 43	– 371
= Operativer Cashflow							
./.							
./.							
= Veränderung flüssige Mittel							

Plan-Bilanz per 30.6.20_1

Flüssige Mittel		Kreditoren	
Debitoren		Aufgelaufene Zinsen	
Vorräte	80		
Anlagevermögen		Bankdarlehen	
		Aktienkapital	
		Gesetzliche Gewinnreserve	
		Freiwillige Gewinnreserven	
		Gewinn	

7.23

Vervollständigen Sie für die **Gr8 Business AG** die Planungsrechnungen für das erste Quartal 20_8.

Nebst den in den Lösungsblättern bereits eingetragenen Werten liegen diese Informationen zur Planung vor:

▷ Die Forderungen aus Lieferungen und Leistungen betreffen Warenverkäufe, die Verbindlichkeiten aus Lieferungen und Leistungen Wareneinkäufe.
▷ Die Warenverkäufe erfolgen auf Kredit. Die Zahlungseingänge erfolgen voraussichtlich gleich wie im letzten Jahr je zur Hälfte in 30 bzw. 60 Tagen.
▷ Die Wareneinkäufe erfolgen auf Kredit jeweils einen Monat vor dem Verkauf und werden von der GR8 jeweils nach den vertraglich vereinbarten 60 Tagen bezahlt (gleich wie im Vorjahr).
▷ Die Bruttogewinnmarge beträgt konstant 40%.
▷ Im Dezember 20_8 wird ein 13. Monatslohn ausbezahlt. Für die Planung ist davon auszugehen, dass 20_8 keine Personalschwankungen und Lohnänderungen zu erwarten sind.
▷ Der Zinsfuss für die Finanzschulden beträgt 4%. Die Zinstermine sind am Ende jedes Quartals.
▷ An der Generalversammlung vom 5. März 20_8 wird voraussichtlich eine Dividendenausschüttung von 20 beschlossen. Die Auszahlung der Dividende an die Aktionäre erfolgt sofort, die Überweisung der Verrechnungssteuer 30 Tage später.
▷ Im März 20_8 soll das Aktienkapital um nominal 50 erhöht werden. Barliberierung.

Bilanzen

	31.12.20_7	31.03.20_8		31.12.20_7	31.03.20_8
Flüssige Mittel	15		Verbindlichkeiten L+L	450	
Forderungen L+L	600			–	
Warenvorrat	150	150		–	
Sachanlagen	1 000		Finanzverbindlichkeiten	300	
./. WB Sachanlagen	– 700		Aktienkapital	200	
			Kapitalreserven	10	30
			Gewinnreserven	105	
			Gewinn	–	
	1 065			1 065	

Repetition und Vertiefung

7 Aufgabe 23

▷ Ende März 20_8 werden die Finanzverbindlichkeiten um 60 vermindert.
▷ Es ist geplant, im Januar 20_8 eine Sachanlage mit einem Anschaffungswert von 116 zu erwerben. Die Fakturierung durch den Lieferanten erfolgt im Januar, die Zahlung 30 Tage später. Die Inbetriebnahme der Anlage ist auf den 1. Februar vorgesehen. Die geschätzte Nutzungsdauer der Anlage beträgt voraussichtlich 4 Jahre. Am Ende der Nutzungsdauer kann mit einem Liquidationserlös von 20 gerechnet werden.
▷ Alle Abschreibungen auf Sachanlagen erfolgen linear ab Inbetriebnahme.

Erfolgsbudget 1. Quartal 20_8

	Januar	Februar	März	Total
Warenertrag	250	150	200	600
Warenaufwand				
./. Personalaufwand	– 26			
./. Abschreibungen				
./. Zinsaufwand				
./. Diverser Baraufwand	– 29	– 21	– 24	– 74
= **Gewinn**	**24**			

Geplante Wareneinkäufe 1. Quartal 20_8

	Januar	Februar	März	Total
Wareneinkäufe				

Liquiditätsbudget 1. Quartal 20_8

	Januar	Februar	März	Total
Zahlungen von Kunden				
./. Zahlungen für diversen Aufwand	– 29	– 21	– 24	– 74
= **Operativer Cashflow**				
= **Free Cashflow**				
=				

Repetition und Vertiefung 7

7.24

Die Budgets der **CuatroCinco SA** sind nach folgenden Angaben zu vervollständigen:

▷ Innerhalb eines Monats fallen alle Umsätze gleichmässig an. Jeder Monat zählt 30 Tage.

▷ Die den Kunden gewährten Zahlungsbedingungen lauten 30 Tage netto, wobei für die Budgetierung mit einer tatsächlichen Zahlungsfrist von 45 Tagen zu rechnen ist. Im November 20_5 betrug der Warenertrag 200; für den Juli 20_6 ist mit einem Warenertrag von 550 zu rechnen.

▷ Die Bruttogewinnmarge wird voraussichtlich konstant 40% betragen.

▷ Die Wareneinkäufe erfolgen 15 Tage vor dem Verkauf. Die Lieferantenrechnungen werden 60 Tage nach dem Einkauf bezahlt.

▷ Die Abschreibungen erfolgen linear.

▷ Zur Kapazitätserweiterung sind auf Anfang April der Kauf und die Inbetriebnahme einer neuen Anlage mit einem Anschaffungswert von 150 geplant. Die voraussichtliche Nutzungsdauer beträgt 5 Jahre; am Ende der Nutzungsdauer ist mit einem Restwert von 30 zu rechnen. Die Zahlungsfrist des Lieferanten beträgt 30 Tage.

▷ Anfang Mai soll eine gebrauchte Anlage mit einem Anschaffungswert von 80 und kumulierten Wertberichtigungen von 60 mit einem Veräusserungsgewinn von 5 mit einem Zahlungsziel von 30 Tagen verkauft werden.

▷ An der Generalversammlung im April wird voraussichtlich eine Dividendenausschüttung von 60 beschlossen. Die Nettodividende wird sofort an die Aktionäre ausbezahlt; die Verrechnungssteuer ist im nächsten Monat fällig. Es ist eine Zuweisung an die gesetzliche Gewinnreserve von 10 vorzusehen.

▷ Zinserträge auf flüssigen Mitteln und Steuereffekte sind zu vernachlässigen.

Eröffnungsbilanz 1. 1. 20_6

Flüssige Mittel	20	Kreditoren	510
Debitoren	700	Finanzschulden	300
Warenvorrat	90	Aktienkapital	400
Sachanlagen	1 200	Gesetzliche Gewinnreserve	70
./. WB Sachanlagen	– 500	Freiwillige Gewinnreserven	230
	1 510		1 510

Repetition und Vertiefung — **7** Aufgabe 24

Erfolgsbudget 1.1. bis 30.6.20_6

	Januar	Februar	März	April	Mai	Juni	Total
Verkaufsertrag	300	250	400	450	350	500	2 250
./. Warenaufwand							
./. Abschreibungen Sachanlagen	− 20	− 20	− 20		− 21	− 21	
./. Übriger Aufwand (= Ausgaben)	− 100	− 90	− 120	− 115	− 105	− 130	− 660
= Gewinn							

Wareneinkäufe 1.1. bis 30.6.20_6

	Januar	Februar	März	April	Mai	Juni	Total
Wareneinkäufe							

Liquiditätsbudget 1.1. bis 30.6.20_6

	Januar	Februar	März	April	Mai	Juni	Total
Zahlungen von Kunden							
./. Zahlungen an Lieferanten							
./. Zahlungen für übrigen Aufwand							
= Operativer Cashflow							
./. Investitionen							
+ Devestitionen							
./. Dividendenausschüttung							
= Veränderungen flüssige Mittel							

Plan-Bilanz per 30.6.20_6

Flüssige Mittel	Kreditoren
Debitoren	Finanzschulden
Warenvorrat	Aktienkapital
Sachanlagen	Gesetzliche Gewinnreserve
./. Wertberichtigung Sachanlagen	Freiwillige Gewinnreserven
	Gewinn

7.25

Bei der **Cumulus Handel AG** sind die Schlussbilanz per 31. 12. 20_0 sowie verschiedene Angaben zur Budgetierung des Jahres 20_1 gegeben.

Zu erstellen sind für diesen Handelsbetrieb das Erfolgs- und das Liquiditätsbudget sowie die Plan-Schlussbilanz. Aus Platzgründen sind die ersten acht Monate in einer Spalte zusammenzufassen.

Schlussbilanz per 31. 12. 20_0

Aktiven		Passiven	
Flüssige Mittel	100	Verbindlichkeiten L+L	980
Forderungen L+L	400	Hypotheken	1 200
Warenvorrat	420	Rechnungsabgrenzung	15
Rechnungsabgrenzung	80	Aktienkapital	800
Mobile Sachanlagen	600	Gesetzliche Gewinnreserve	110
./. WB mobile Sachanlagen	– 250	Freiwillige Gewinnreserven	425
Immobile Sachanlagen	2 480		
./. WB immobile Sachanlagen	– 300		
	3 530		3 530

Angaben zur Budgetierung 20_1

▷ Die Rechnungsabgrenzungsposten betreffen ausschliesslich unten erwähnte Tatbestände.
▷ Alle Verkäufe erfolgen auf Kredit. Die eine Hälfte der Kunden zahlt im laufenden Monat, die andere im Folgemonat.
▷ Die Bruttogewinnmarge beträgt 40%. Die Waren werden einen Monat vor dem Verbrauch eingekauft und 60 Tage später bezahlt. Beispiel: März = Einkauf, April = Verbrauch, Mai = Zahlung.
▷ Die gesamte Lohnsumme beträgt 936. Im Dezember wird ein 13. Monatslohn ausbezahlt. Es gibt keine monatlichen Schwankungen.
▷ Der Mietzins für ein externes Verkaufsbüro wird jeweils Ende Februar für ein Jahr zum Voraus bezahlt.
▷ Die Hypothek muss jeweils Ende März und Ende September verzinst werden. Ende September wird der Zinsfuss voraussichtlich um 1% p. a. erhöht.

Schlussbilanz 31. 12. 20_1

Aktiven		Passiven	
Flüssige Mittel		Verbindlichkeiten L+L	
Forderungen L+L		Hypothek	
Warenvorrat	480	Rechnungsabgrenzung	
Rechnungsabgrenzung		Aktienkapital	
Mobile Sachanlagen		Gesetzliche Gewinnreserve	
./. WB mobile Sachanlagen		Freiwillige Gewinnreserven	449
Immobile Sachanlagen			
./. WB immobile Sachanlagen			

Repetition und Vertiefung — **7** Aufgabe 25

▷ Die mobilen Sachanlagen werden linear über 5 Jahre abgeschrieben.
▷ Die immobilen Sachanlagen sind jährlich um 24 abzuschreiben.
▷ Auf Anfang November sind der Kauf und die Inbetriebnahme eines Lastwagens für 180 geplant. Dabei wird die Hälfte des Kaufpreises bar bezahlt werden und der Rest in 30 Tagen.
▷ Ein allfälliger Ertrag auf der kurzfristigen Anlage von flüssigen Mitteln kann vernachlässigt werden.
▷ Im Mai wird eine Dividende von von 160 beschlossen. Die Nettodividende wird sofort ausgeschüttet, die Verrechnungssteuer einen Monat später überwiesen.

Erfolgsbudget 20_1

Text	Jan. bis Aug.	September	Oktober	November	Dezember	Total
Warenertrag	6 000	600	700	800	900	9 000
./. Warenaufwand						
./. Personalaufwand						
./. Mietaufwand						
./. Zinsaufwand						
./. Abschreibung Mobilien						
./. Abschreibung Immobilien						
./. Diverser Aufwand	– 1 140	– 150	– 154	– 159	– 164	– 1 767
= Erfolg						

Liquiditätsbudget 20_1

Text	Jan. bis Aug.	September	Oktober	November	Dezember	Total
Kundenzahlungen	6 100					
./. Lieferantenzahlungen	– 3 800					
./. Personalzahlungen						
./.						
./.						
./. Diverse Ausgaben	– 1 140	– 150	– 154	– 159	– 164	– 1 767
= Operativer Cashflow						

7.26

Die auf die Fertigung von elektronischen Bauteilen spezialisierte **Elektron AG** budgetiert das Jahr 20_5. Ausgangspunkt bildet die Schlussbilanz vom 31. 12. 20_4.

Schlussbilanz 31. 12. 20_4

Aktiven		Passiven	
Flüssige Mittel	40	Verbindlichkeiten aus L+L	310
Forderungen aus L+L	560	Aufgelaufene Zinsen	16
Materialvorrat	170	Hypothek	960
Vorrat fertige Erzeugnisse	40	Aktienkapital	600
Anlagevermögen	1 400	Gewinnreserven	324
	2 210		2 210

Plan-Erfolgsrechnung 20_5

	1. Quartal	2. Quartal	3. Quartal	4. Quartal	Total
Verkaufserlös	1 200	1 000	1 600	1 200	5 000
+/– Bestandesänderungen fertige Erzeugnisse	80	140	– 180	40	80
= **Produktionsertrag**	**1 280**	**1 140**	**1 420**	**1 240**	**5 080**
./. Materialaufwand	– 340	– 300	– 400	– 320	– 1 360
./. Personalaufwand	– 260	– 260	– 260	– 260	– 1 040
./. Hypothekarzinsaufwand	– 12	– 12	– 12	– 14	– 50
./. Diverser Baraufwand	– 568	– 568	– 568	– 568	– 2 272
./. Abschreibungen	– 60	– 70	– 80	– 80	– 290
= **Erfolg**	**40**	**– 70**	**100**	**– 2**	**68**

Zusätzliche Angaben zur Planung

▷ Die Verkäufe erfolgen auf Kredit. Die eine Hälfte der Kunden zahlt noch im laufenden Quartal, die andere Hälfte im Folgequartal.
▷ Die Materialeinkäufe werden gegen Rechnungen getätigt, die jeweils im Folgequartal bezahlt werden. Die Rohmaterialeinkäufe erfolgen zur Hälfte ein Quartal vor ihrem Verbrauch und zur Hälfte im selben Quartal, wie sie verbraucht werden. Für die Ermittlung der Materialeinkäufe ist die Lösungshilfe zu verwenden.
▷ Es gibt keine Bestände an unfertigen Erzeugnissen.
▷ Im Dezember wird zusätzlich zum normalen Lohn ein 13. Monatslohn ausbezahlt. Es bestehen keine monatlichen Schwankungen im Personalbestand.
▷ Die Zinstermine für die Hypothek sind der 28. Februar sowie der 30. August.
▷ Am 30. September wird eine neue Hypothek von 160 aufgenommen, die halbjährlich am 31. März und am 30. September zum gleichen Zinsfuss wie die bisherige Hypothek verzinst werden muss.
▷ Im zweiten und dritten Quartal sind Barkäufe von Anlagevermögen von je 300 geplant.
▷ Im Juni soll eine Aktienkapitalerhöhung von nominal 200 mit einem Agio von 120 durchgeführt werden (Barliberierung).
▷ Es ist keine Gewinnausschüttung vorgesehen.

Aufgabe

Ermitteln Sie die Materialeinkäufe, und erstellen Sie die Plan-Geldflussrechnung für das Jahr 20_5 sowie die Plan-Bilanz per 31. 12. 20_5 auf dem Lösungsblatt.

Aufgabe 26

Ermittlung der Materialeinkäufe

	1. Quartal	2. Quartal	3. Quartal	4. Quartal	Total
Einkäufe für laufendes Quartal					XXX
Einkäufe für nächstes Quartal					XXX
Total Einkäufe					1 370

Plan-Geldflussrechnung 20_5

	1. Quartal	2. Quartal	3. Quartal	4. Quartal	Total
Betriebstätigkeit					
Zahlungen von Kunden					
./. Zahlungen an Lieferanten					
./. Lohnzahlungen					
./. Hypothekarzinszahlungen					
./. Diverser Baraufwand					
= Cashflow (Cashdrain)					
Investitionstätigkeit					
./. Käufe von Anlagevermögen					
Finanzierungstätigkeit					
+ Aufnahme Hypothek					
+ AK-Erhöhung					
= Veränderung flüssige Mittel					

Plan-Schlussbilanz 31.12.20_5

Aktiven		Passiven	
Flüssige Mittel		Verbindlichkeiten L+L	
Forderungen L+L		Aufgelaufene Zinsen	
Materialvorrat		Hypothek	
Vorrat fertige Erzeugnisse		Aktienkapital	
Anlagevermögen		Kapitalreserven	
		Gewinnreserven	

7.27

Die **Animal Farm AG** bietet als Fachmarkt für Tiernahrung den Haustierhaltern ein grosses Sortiment an Markenartikeln zu besten Preisen an.

Die Planungsrechnungen für das erste Quartal 20_7 sind aufgrund folgender Angaben zu vervollständigen.

Schlussbilanz per 31.12.20_6

Flüssige Mittel	155	Verbindlichkeiten L+L	315
Forderungen L+L	440	Passive Rechnungsabgrenzung	22
Warenvorrat	180	Darlehen	400
Sachanlagen	700	Aktienkapital	300
./. Wertberichtigung Sachanlagen	–300	Kapitalreserven	30
		Gewinnreserven	108
	1 175		1 175

▷ Das Zahlungsverhalten der Kunden kann für die Jahre 20_6 und 20_7 als konstant betrachtet werden: 60% der Kunden zahlen bar, je 20% der Kunden in 30 Tagen bzw. 60 Tagen. Der Verkaufsumsatz im November 20_4 betrug 400.

▷ Die Waren werden einen Monat vor dem Verkauf auf Kredit eingekauft. Von den Einkaufsfakturen werden 75% in 30 Tagen bezahlt, der Rest in 60 Tagen.

▷ Die Bruttogewinnmarge ist konstant 40%.

▷ Es wird im Dezember jeweils ein 13. Monatslohn ausbezahlt. Es sind 20_7 voraussichtlich keine Schwankungen im Personalbestand bzw. Lohnänderungen zu erwarten.

▷ Die passive Rechnungsabgrenzung besteht Ende 20_6 aus aufgelaufenen Zinsen.

▷ Der jährliche Zinstermin für das seit 20_1 bestehende Darlehen ist Ende Januar. Am 31. Januar 20_7 wird eine Rückzahlung von 100 geleistet und der Zinsfuss voraussichtlich auf 4% gesenkt.

▷ Alle Sachanlagen werden linear abgeschrieben.

▷ Im Januar 20_7 ist der Kauf von Sachanlagen mit einem Anschaffungswert von 169 geplant. Die Inbetriebnahme ist Anfang Februar. Die Zahlung erfolgt im März. Die voraussichtliche Nutzungsdauer beträgt 4 Jahre, der geschätzte Restwert am Ende der Nutzungsdauer 25.

▷ Auf März 20_7 ist eine Aktienkapitalerhöhung von nominal 70 mit einem Agio von 28 mittels Barliberierung geplant.

▷ Im Februar 20_7 wird von der Generalversammlung voraussichtlich eine Bardividende von 20 beschlossen. Die Auszahlung an die Aktionäre soll im Februar stattfinden, die Überweisung der Verrechnungssteuer im März.

Repetition und Vertiefung — **7** Aufgabe 27

Plan-Erfolgsrechnung Q1/20_7

	Januar	Februar	März	Total
Warenertrag	300	400	800	1 500
./. Warenaufwand				
./. Personalaufwand	− 78	− 78	− 78	− 234
./. Abschreibungen	− 30			
./. Zinsaufwand				
./. Diverser Aufwand	− 70	− 90	− 120	− 280
= **Erfolg**				

Geplante Wareneinkäufe Q1/20_7

	Januar	Februar	März	Total
Wareneinkäufe			400	

Finanzplan Q1/20_7

	Januar	Februar	März	Total
Zahlungen von Kunden				
./. Zahlungen an Lieferanten				
./. Zahlungen für diversen Aufwand	− 70	− 90	− 120	− 280
= **Geldfluss aus Betriebstätigkeit**				
=				

Plan-Bilanz per 31.03.20_7

Flüssige Mittel	Verbindlichkeiten L+L
Forderungen L+L	Passive Rechnungsabgrenzung
Warenvorrat	Darlehen
Sachanlagen (SA)	Aktienkapital
./. Wertberichtigung SA	Kapitalreserven
	Gewinnreserven
	Gewinn

7.28

Angesichts der sich verschlechternden Geschäftslage entschliesst sich die Geschäftsleitung, eine Fachperson im Rechnungswesen beizuziehen.

Sie erstellt als erstes Finanzpläne für die Jahre 20_1 bis 20_3, weil diese ein ideales **Führungsinstrument zur Abstimmung von angestrebten Zielen, geplanten Massnahmen und vorhandenen finanziellen Mitteln** darstellen. Die Finanzpläne sind auf dem Lösungsblatt auf der Nebenseite bereits erstellt. Allerdings sind die Jahre 20_2 und 20_3 erst provisorisch.

Vor allem wegen der in den Finanzplänen deutlich zutage tretenden Liquiditätsverschlechterung sowie der wachsenden Finanzierungslücke werden von der Geschäftsleitung eine Reihe von Massnahmen ins Auge gefasst, die unten beschrieben werden.

Aufgabe

Revidieren Sie die Finanzpläne für 20_2 und 20_3, indem Sie die Auswirkungen der nachfolgend beschriebenen Massnahmen berücksichtigen. Die Lösung ist im Lösungsblatt in den Spalten «revidiert» einzutragen. Die Beträge sind nötigenfalls auf ganze Kurzzahlen zu runden. Das Jahr ist mit 360 Tagen zu rechnen.

Massnahmen

1. Die Dividendenauszahlungen sollen im 2. und 3. Jahr um je 10 vermindert werden (im Vergleich zu den provisorischen Finanzplänen).

2. Bei den Investitionen sollen günstigere Lösungen gesucht werden, einige Investitionen sind zurückzustellen, und allenfalls sollen später bestimmte Anlagen geleast werden, sodass die Investitionen im 2. Jahr 130 und im 3. Jahr 125 betragen werden.

3. Im 2. Jahr soll eine nicht mehr benötigte Landreserve zum Buchwert von 5 veräussert werden.

4. Da der Eigenfinanzierungsgrad aus Sicherheitsgründen etwa 40% betragen soll, wird das Aktienkapital in zwei Schritten im 2. und 3. Jahr zusätzlich um je 20 aufgestockt.

5. Durch Verhandlungen mit der Hausbank soll erreicht werden, dass das 20_2 zur Rückzahlung fällige langfristige Darlehen von 10 um ein Jahr prolongiert werden kann. Die geplante Erhöhung der Hypotheken kann trotz reduzierter Investitionen realisiert werden.

6. Durch den Wechsel von der bisher praktizierten linearen zur degressiven Abschreibungsmethode werden die Abschreibungen 20_2 und 20_3 je um 10 höher ausfallen.

7. Die geplanten Warenverkäufe (alle auf Kredit) betragen 1200 (1. Jahr), 1400 (2. Jahr) und 1440 (3. Jahr). Eine weitere Steigerung ist leider nicht realistisch.

8. Anfang 20_1 beträgt der Debitorenbestand 190. Durch ein verbessertes Debitoren-Management soll die durchschnittliche Debitorenfrist von 60 Tagen (20_1) auf 51,43 Tage (20_2) bzw. 45 Tage (20_3) gesenkt werden, da das Zahlungsziel ja 30 Tage netto lautet.

9. Die Bruttogewinnmarge beträgt unverändert 25%.

Repetition und Vertiefung — 7 Aufgabe 28

10. Durch eine gezielte Lagerbewirtschaftung soll die durchschnittliche Lagerdauer auf 120 Tage (20_2) bzw. auf 115 Tage (20_3) gesenkt werden. Der Lagerbestand Anfang 20_1 beträgt 335.
11. Eine weitere Zunahme der durchschnittlichen Kreditorenfristen ist im Hinblick auf langfristige, gute Lieferantenbeziehungen nicht opportun, sodass 20_3 keine Kreditorenerhöhung stattfinden soll.
12. Die steuerlichen und zinslichen Auswirkungen der geplanten Massnahmen müssen nicht berücksichtigt werden.

Text	20_1	20_2 provisorisch	20_2 revidiert	20_3 provisorisch	20_3 revidiert
Gewinn	100	100		100	
Abschreibungen	40	50		60	
Debitorenveränderungen	– 20	– 10		– 10	
Lagerveränderungen	– 20	– 10		– 20	
Kreditorenveränderungen	10	10		10	
Cashflow (brutto)	110	140		140	
Dividenden und Steuern	– 90	– 90		– 90	
Cashflow (netto)	20	50		50	
Investitionen	– 100	– 140		– 150	
Desinvestitionen	10	0		0	
Finanzierungslücke	– 70	– 90		– 100	
Aussenfinanzierungen	30	10		20	
Definanzierungen	0	– 10		0	
Veränderung der flüssigen Mittel	– 40	– 90		– 80	

7.29

Die **Minimax AG** importiert von einem Lieferanten in den USA den Artikel HealthX und verkauft diesen an verschiedene Kunden im EU-Raum. Ausgangslage ist die Schlussbilanz per 31. 12. 20_5:

Schlussbilanz 31. 12. 20_5 (in 1000 CHF)

Aktiven		Passiven	
Flüssige Mittel	600	Verbindlichkeiten L+L	390
Forderungen L+L	1 000	Aufgelaufene Zinsen	10
Warenvorräte	200	Hypothek	1 200
Bewegliche Sachanlagen	400	Aktienkapital	1 500
Unbewegliche Sachanlagen	2 200	Gewinnreserven	1 300
	4 400		4 400

Die künftige Entwicklung auf den Absatz- und Beschaffungsmärkten ist immer mit Unsicherheiten behaftet. Da sich die Geschäftsleitung frühzeitig mit den Folgen möglicher Schwankungen im Geschäftsbetrieb auseinander setzen will, sollen für 20_6 zwei verschiedene Planvarianten durchgerechnet werden: eine optimistische (best case scenario) und eine pessimistische (worst case scenario). Die entsprechenden Plan-Erfolgsrechnungen, Plan-Geldflussrechnungen und Plan-Bilanzen sind auf dem Lösungsblatt einzutragen.

In der folgenden Tabelle ist jeweils – bunt gemischt – ein Wert der **optimistische** und der andere der **pessimistische:**

Betriebsbereich

Absatzmengen in Stück (keine saisonalen Schwankungen)	1 000 000	1 200 000
Verkaufspreise je Stück EUR	5.00	4.20
EUR-Kurs (in CHF)	1.50	1.60
Einkaufspreise in USD	2.00	2.20
USD-Kurs (in CHF)	1.50	1.80
Lagerzunahme in Stück	0	100 000
Personalaufwand (= Personalausgaben) in CHF	960 000	1 000 000
Neuer Zinsfuss Hypothek (Zinstermine 30. 4. und 30. 10.)	6%	4%
Diverser Baraufwand in CHF	1 040 000	1 100 000
Abschreibungen auf beweglichen Sachanlagen	120 000	150 000
Abschreibungen auf unbeweglichen Sachanlagen	30 000	30 000
Ausstehende Forderungen L+L Ende 20_6	1 Monat	2 Monate
Ausstehende Verbindlichkeiten L+L Ende 20_6	1 Monat	1 Monat

Investitionsbereich

Ausgaben für den Ersatz der bisherigen EDV-Anlage in CHF	320 000	400 000

Finanzierungsbereich

Dividendenauszahlung aufgrund des Vorjahresgewinns	20%	20%

Repetition und Vertiefung — **7** Aufgabe 29

Plan-Geldflussrechnungen 20_6 (in 1000 CHF)

	best case	worst case
Betriebstätigkeit		
Zahlungen von Kunden		
Zahlungen an Lieferanten		
Cashflow		
Investitionstätigkeit		
Finanzierungstätigkeit		
Veränderung Flüssige Mittel		

Plan-Erfolgsrechnungen 20_6 (in 1000 CHF)

	best case	worst case
Warenertrag		
Warenaufwand		
Personalaufwand		
Zinsaufwand		
Abschreibungen		
Diverser Baraufwand		
Gewinn		

Cashflow indirekt (in 1000 CHF)

	best case	worst case
Cashflow		

Plan-Schlussbilanzen 31. 12. 20_6 (in 1000 CHF)

Aktiven

	best case	worst case
Flüssige Mittel		
Forderungen L+L		
Warenvorräte		
Bewegliche Sachanlagen		
Unbewegliche Sachanlagen		

Passiven

	best case	worst case
Verbindlichkeiten L+L		
Aufgelaufene Zinsen		
Hypothek		
Aktienkapital		
Gewinnreserven		

Repetition und Vertiefung

7.30

Die **Nehmerit-Gruppe** ist eine führende Unternehmung in der Sanitärtechnik. Gegeben sind die Schlussbilanz per 31. 12. 20_0 sowie die Planungsannahmen. Zu erstellen sind

▷ die Plan-Erfolgsrechnungen 20_1 bis 20_5
▷ die Plan-Geldflussrechnungen 20_1 bis 20_5
▷ die Plan-Bilanz per 31. 12. 20_5

Schlussbilanz 31. 12. 20_0

Aktiven		Passiven	
Flüssige Mittel	50	Kreditoren	50
Debitoren	60	Finanzverbindlichkeiten	550
Vorräte	150	Rückstellungen	60
Sachanlagen	770	Aktienkapital	200
		Gewinnreserven	170
	1 030		1 030

Planungsannahmen

1. Der Verkaufserlös (Umsatz, Nettoerlös) wird für das erste Planjahr auf 900 geschätzt. Er soll jährlich um 20% (gegenüber dem jeweiligen Vorjahr) gesteigert werden.

2. Die gesamten Vorräte von 150 bestehen in der Ausgangssituation aus 100 Materialvorrat und 50 angefangenen und fertigen Erzeugnissen. Durch Verbesserungen in der Auftragsabwicklung, der Fertigung und der Logistik sollten die Bestände an angefangenen und fertigen Erzeugnissen pro Jahr nur 5% (gegenüber dem jeweiligen Vorjahr) steigen.

	20_1	20_2	20_3	20_4	20_5
Bestandesänderungen angefangene und fertige Erzeugnisse					
Schlussbestand angefangene und fertige Erzeugnisse					

3. Den Umsatzsteigerungen entsprechend werden auch die ausstehenden Kundenforderungen sowie die Verbindlichkeiten aus Lieferung und Leistung um je 20% (gegenüber dem jeweiligen Vorjahr) zunehmen. Hingegen kann bei den Rohmaterialvorräten dank Verbesserungen in Logistik und Fertigung von einer jährlichen Steigerungsrate von nur 10% (gegenüber dem jeweiligen Vorjahr) ausgegangen werden.

	20_1	20_2	20_3	20_4	20_5
Zunahme Debitoren					
Schlussbestand Debitoren					

Repetition und Vertiefung

7 Aufgabe 30

	20_1	20_2	20_3	20_4	20_5
Zunahme Materialvorräte					
Schlussbestand Materialvorräte					

	20_1	20_2	20_3	20_4	20_5
Zunahme Kreditoren					
Schlussbestand Kreditoren					

4. Die Materialintensität (Materialaufwand in Prozenten des Produktionsertrags) beträgt konstant 30%.

5. Im ersten Jahr beträgt die Personalintensität (Personalaufwände in Prozenten des Produktionsertrags) 25%. Durch Rationalisierungen soll diese Quote jährlich um einen Prozentpunkt gesenkt werden (auf 24% im zweiten Planjahr, 23% im dritten Planjahr usw.). Personalaufwand und Personalausgaben sind jeweils gleich hoch.

6. Aus der Investitionsplanung können folgende Zahlen entnommen werden:

	20_1	20_2	20_3	20_4	20_5
Käufe von Sachanlagen	75	80	85	90	95
Verkäufe von Sachanlagen	8	6	11	9	10
Abschreibungen	50	55	67	79	92
Buchwert Sachanlagen Ende Jahr					

7. Um die technologische Führungsstellung zu behaupten, wird der Aufwand (= Ausgaben) für Forschung und Entwicklung auf konstant 2% des Produktionsertrags gehalten.

8. Der übrige Betriebsaufwand (= Ausgaben) ist bereits in der Plan-Erfolgsrechnung und der Plan-Geldflussrechnung eingetragen.

9. Der Zinsaufwand (= Ausgaben) beträgt für das betreffende Jahr 5% der Finanzschulden zu Beginn des jeweiligen Jahres.

	20_1	20_2	20_3	20_4	20_5
Langfristige Finanzschulden Anfang Jahr					
Zinsaufwand					

Repetition und Vertiefung — 7 — Aufgabe 30

10. Die Rückstellungen sind jährlich um 10 zu erhöhen.
11. Aus Sicherheits- und Flexibilitätsgründen soll der Bestand an flüssigen Mitteln am Jahresende immer 50 betragen. Überschüssige Liquidität wird zur Rückzahlung von Fremdkapital verwendet.
12. Es ist mit einem linearen Ertragssteuersatz von 30% bezogen auf den Gewinn vor Steuern zu rechnen. Aufwand = Ausgabe.
13. Vom Jahresgewinn nach Steuern sind 50% im Folgejahr als Dividende auszuzahlen; der restliche Gewinn wird zur Selbstfinanzierung thesauriert (zurückbehalten). Im Jahr 20_0 betrug der Gewinn nach Steuern 40.

Plan-Erfolgsrechnungen 20_1 bis 20_5

	20_1	20_2	20_3	20_4	20_5
Verkaufserlös (Umsatz)					
+ Bestandesänderungen angefangene und fertige Erzeugnisse					
= **Produktionsertrag**					
./. Materialaufwand					
./. Personalaufwand					
./. Abschreibungen					
./. Forschung und Entwicklung					
./. Rückstellungen					
./. Übriger Betriebsaufwand	– 180	– 220	– 260	– 310	– 370
= **EBIT**					
./. Zinsaufwand					
= **Gewinn vor Steuern**					
./. Steuern					
= **Gewinn**					

Repetition und Vertiefung — **7** Aufgabe 30

Plan-Geldflussrechnungen 20_1 bis 20_5

	20_1	20_2	20_3	20_4	20_5
Betriebstätigkeit					
Zahlungen von Kunden					
./. Zahlungen an Lieferanten					
./. Zahlungen ans Personal					
./. Zahlungen für F+E					
./. Übriger Baraufwand	– 180	– 220	– 260	– 310	– 370
= Cashflow vor Zinsen und Steuern					
./. Zinszahlungen					
= Cashflow (brutto)					
./. Steuern					
./. Dividendenzahlungen					
= Cashflow (netto)					
Investitionstätigkeit					
./. Käufe Sachanlagen					
+ Desinvestitionen					
= Free Cashflow					
Finanzierungstätigkeit					
./. Definanzierungen					
Veränderung flüssige Mittel					

Plan-Schlussbilanz 31. 12. 20_5

Aktiven		Passiven	
Flüssige Mittel		Kreditoren	
Debitoren		Finanzverbindlichkeiten	
Vorräte		Rückstellungen	
Sachanlagen		Aktienkapital	
		Gewinnreserven	

Repetition und Vertiefung 7

Anhang 1   Literaturhinweise

Grundlagen des Rechnungswesens

Leimgruber, Jürg/ Prochinig, Urs	Das Rechnungswesen der Unternehmung	Verlag SKV, Zürich

Weiterführende Literatur

Boemle, Max	Der Jahresabschluss	Verlag SKV, Zürich
Hail, Luzi/Meyer, Conrad	Abschlussanalyse und Unternehmensbewertung	Verlag SKV, Zürich
Leimgruber, Jürg/ Prochinig, Urs	Bilanz- und Erfolgsanalyse	Verlag SKV, Zürich
Leimgruber, Jürg/ Prochinig, Urs	Investitionsrechnung	Verlag SKV, Zürich
Prochinig, Urs/ Winiger, Andreas/ von Gunten, Hansueli	Konzernrechnung	Verlag SKV, Zürich
Volkart, Rudolf	Corporate Finance	Verlag Versus, Zürich
Von Gunten, Hansueli/ Winiger, Andreas/ Prochinig, Urs	Konsolidierung	Verlag SKV, Zürich
Winiger, Andreas/ Prochinig, Urs	Kostenrechnung	Verlag SKV, Zürich

Anhang 2   Stichwortverzeichnis

Die Auswahl an Stichwörtern beschränkt sich auf das Wesentliche. In der Regel werden sie nur einmal erwähnt; meist finden sich im Anschluss an diese Stelle noch weitere Informationen. Auf Hinweise wie f. oder ff. wurde verzichtet.

A

Absatzplan   50
Aktive Rechnungsabgrenzung   31
Aufwand   16
Ausgaben   16
Aussenfinanzierung   19
Ausserordentlich   42

B

Bestandesänderungen Fabrikate   36
Betriebstätigkeit   19
Betrieb, betriebsfremd   42
Börsenkotierte Unternehmen   28
Budgetierung   48

C

Cash   18
Cash equivalents   18
Cash flow   19
Cash flow statement   29, 54
Cashdrain   19
Cashflow   19, 22
Cashflow/Investitions-Verhältnis   55
Cashflow-Analyse   53
Cashflow-Kennzahlen   54
Cashflow-Marge   55

D

Debitoren   24
Definanzierung   19
Desinvestition, Devestition   19
Differenzen (zwischen Gewinn und Cashflow)   22, 26
Direkte Methode (Cashflow)   22, 26
Dispositive Planung   48
Dividenden   40, 50
Dynamische Liquiditätsanalyse   16

E

EBIT   44, 54
EBITDA   54
Effektivverschuldung   55
Eigenleistungen   36
Einnahmen   16
Erfolgsbudget   50
Ertrag   16

F

Fabrikateertrag   36
Fabrikatevorrat   36
Fabrikationsbetrieb   36
Finanzierungstätigkeit   19
Finanzierungsplan   50
Finanzplan   50
Finanzplanung   47
Flüssige Mittel   18
Fonds   13
Forderungen L+L   24
Free Cashflow   52, 54

G

Geld   18
Geldflüsse aus Betriebstätigkeit   19
Geldflüsse aus Finanzierungstätigkeit   19
Geldflüsse aus Investitionstätigkeit   19
Geldflussrechnung   13, 19, 29
Geldnahe Mittel   18
Gesamtpläne   50
Geschäftsbericht   27
Geschäftstätigkeit   19
Gewinnausschüttung   40, 50
Gliederung von Geldflussrechnungen   19

H

Handelsbetrieb   24
Hauptbetrieb   42

I

IFRS   28
Indirekte Methode (Cashflow)   22, 26
Innenfinanzierung   19
Investition, Investierung   19
Investitionstätigkeit   19
Investitionsplan   50

K

Kapitalflussrechnung   13
Kontenrahmen KMU   42
Konzern-Geldflussrechnung   45
Kreditoren   24

L

Liquiditätsbudget   50
Liquiditätsgrade 1 bis 3   14

M

Materialaufwand, Materialeinkauf   36
Materialvorrat   36
Mehrstufige Cashflow-Berechnung   43
Mittelflussrechnung zum Fonds flüssige Mittel   13
Mittelflussrechnung zum Fonds NUV   60

N

Nebenbetrieb   42
Netto-flüssige Mittel   18
Nettoumlaufvermögen, NUV   59
Neutral   42
Nicht liquiditätswirksame Transaktionen   45

O

Obligationenrecht   27
Operative Planung   48
Operativer Cashflow   19

P

Passive Rechnungsabgrenzung   31
Plan-Bilanz   50
Plan-Erfolgsrechnung   50
Plan-Geldflussrechnung   50
Planung   47
Produktionsplan   50

R

Rechnungsabgrenzung   31
Rückstellungen   34

S

Statische Liquiditätsanalyse   14
Strategische Planung   48
Swiss GAAP FER   28

T

Teilpläne   50

U

Überleitungsrechnung (Gewinn auf Cashflow)   22, 26
Umsatzplan   50
Ursachen   16
US GAAP   28

V

Veräusserungsgewinn   38
Verbindlichkeiten L+L   24
Verschuldungsfaktor   55
Vorauszahlungen von Kunden   36
Vorrat (Fabrikate)   36
Vorrat (Waren)   26

W

Warenaufwand, Wareneinkauf   26
Warenertrag   26
Warenvorrat   26

Z

Zahlungen an Lieferanten   26
Zahlungen von Kunden   26
Zahlungsmittel   18
Zahlungsmitteläquivalente   18
Zeitliche Abgrenzung   31
Ziele   15
Zinsdeckungsfaktor   55
Zinsen   41

Vom selben Autor sind im Verlag SKV folgende Lehrbücher zur Vorbereitung auf höhere Prüfungen erschienen:

Leimgruber, Jürg / Prochinig, Urs:
Bilanz- und Erfolgsanalyse

Leimgruber, Jürg / Prochinig, Urs:
Investitionsrechnung

Prochinig, Urs / Winiger, Andreas / von Gunten, Hansueli:
Konzernrechnung

Winiger, Andreas / Prochinig, Urs:
Kostenrechnung